经济管理学术文库 · 管理类

# 境外机构投资者持股对我国上市公司绩效影响的实证研究

Empirical Study on the Effect of Qualified Foreign Institutional Investors Shareholdings on Corporate Performance of Chinese Listed Companies

任晓燕／著

经济管理出版社
ECONOMY & MANAGEMENT PUBLISHING HOUSE

**图书在版编目（CIP）数据**

境外机构投资者持股对我国上市公司绩效影响的实证研究/任晓燕著．—北京：经济管理出版社，2019.6

ISBN 978－7－5096－6451－3

Ⅰ．①境…　Ⅱ．①任…　Ⅲ．①外商投资—影响—上市公司—企业管理—研究—中国
Ⅳ．①F279.246

中国版本图书馆 CIP 数据核字（2019）第 050573 号

组稿编辑：杨国强
责任编辑：杨国强
责任印制：黄章平
责任校对：张晓燕

出版发行：经济管理出版社
（北京市海淀区北蜂窝 8 号中雅大厦 A 座 11 层　100038）
网　　址：www. E－mp. com. cn
电　　话：（010）51915602
印　　刷：北京虎彩文化传播有限公司
经　　销：新华书店
开　　本：720mm×1000mm/16
印　　张：11.75
字　　数：190 千字
版　　次：2019 年 6 月第 1 版　　2019 年 6 月第 1 次印刷
书　　号：ISBN 978－7－5096－6451－3
定　　价：68.00 元

# 前 言

我国《公司法》从1993年颁布至今已有20多年，但公司治理中的“内部人控制”“大股东操纵”和独立董事“不独立”等问题依然存在，制约着我国上市公司的发展。为了完善我国上市公司治理结构，提高公司经营绩效，国家提出要积极发展混合所有制经济，使投资主体多元化。境外机构投资者（QFII）作为境外投资主体以及我国主要的机构投资者，拥有强大的资金实力、丰富的管理经验以及独特的投资理念，并且奉行长期的价值投资理念。那么，境外机构投资者持股对公司经营绩效会产生什么影响，已经成为学术界和实务界关注的热点问题。特别是随着境外机构投资者持股比例和持股数额的增加，从公司治理结构的角度出发，研究境外机构投资者持股对公司经营绩效的影响，更是学术界关注的焦点。

本书在现有研究基础上，将境外机构投资者持股、公司治理结构和公司经营绩效纳入一个统一的分析框架，研究境外机构投资者持股对公司经营绩效的影响。综合运用公司治理理论和企业绩效理论，对以下三个问题展开研究：一是QFII持股对公司经营绩效的直接影响；二是QFII持股对公司经营绩效的间接影响，即董事会治理结构和监事会治理结构的中介作用检验；三是QFII持股与董事会治理结构和监事会治理结构的交互作用对公司经营绩效的影响。本书利用SPSS和AMOS统计软件，将定性分析和定量分析相结合，并运用理论演绎和回归分析等方法，对上述问题进行了理论研究和实证检验，并根据实证检验结果提出了相应的政策建议。主要创新点有以下四个方面：

第一，厘清了QFII持股比例与投资理念之间的关系，为深入研究QFII持股与公司经营绩效的关系打下了坚实的基础。本书将 QFII 持股比例划分为两个区间段，即持股比例低于 5% 和持股比例介于 5% ~ 30% 。由于 QFII 持股比例不同，奉行的投资理念就会有所不同，对公司经营绩效的影响也会不同。本书采用理论研究和实证研究相结合的方法，分析了持股比例低于 5% 和持股比例介于 5% ~ 30% 的 QFII 持股比例对公司经营绩效的影响。本书的研究明确了 QFII 持股比例与投资理念之间的关系，弥补了以往关于境外机构投资者持股研究中对境外机构投资者投资理念在理解上存在的欠缺，为后续境外机构投资者持股影响公司经营绩效的实证研究打下了基础，有利于指导企业提高公司经营绩效的实践活动。

第二，引入了董事会治理结构和监事会治理结构这两个中介变量来分析持股比例介于 5% ~ 30% 的 QFII 持股比例对公司经营绩效的间接影响，揭示了 QFII 持股对公司经营绩效影响的传导机制和作用路径。本书在公司治理理论的基础上，结合现有关于公司治理结构的研究成果，从理论和实证的角度分析了董事会治理结构和监事会治理结构的中介作用。本书的研究揭示了 QFII 持股对公司经营绩效影响的作用机理和影响路径，揭开了 QFII 持股与公司经营绩效之间的“黑箱”，丰富并推进了公司治理结构方面的研究，对于我国引入境外机构投资者、完善公司治理结构以及提高公司经营绩效具有一定的参考价值。

第三，构建了持股比例介于 5% ~ 30% 的 QFII 持股比例与董事会治理结构和监事会治理结构的交互作用对公司经营绩效影响的理论模型，进一步揭示了 QFII 持股对公司经营绩效影响的作用路径。在现有研究基础上，从理论的角度分析了持股比例介于 5% ~ 30% 的 QFII 持股比例与董事会治理结构和监事会治理结构的交互作用对公司经营绩效的影响，并且运用 AMOS 统计软件和交互作用分析法进行了实证检验，从而揭开了 QFII 持股对公司经营绩效影响的作用路径。

第四，现有研究并未区分公司经营绩效和公司治理绩效，本书对此进行了区分，主要研究 QFII 持股对公司经营绩效的影响，并且将国资委绩效衡量指标与上市公司的特征相结合，从盈利能力状况、资产质量状况、债务风险状况、经营增长状况和股本扩张能力五个方面全面测度公司经营绩效，完善并丰富了上市公司经营绩效测度指标体系。

本书研究认为，持股比例介于 5% ~ 30% 的境外机构投资者奉行长期的价值投资理念，随着其持股比例的提高，会对公司经营绩效产生显著的正向影响。基于该研究结论，本书提出以下政策建议：我国上市公司应该积极吸引更多优质的境外机构投资者，改善董事会治理结构和监事会治理结构，提高公司经营绩效；我国政府应该放宽对进入我国的境外机构投资者的主体限制，扩大投资额度限制，降低其准入门槛，提高境外机构投资者持股比例；我国政府应该加强对境外机构投资者的监管，鼓励其长期投资，制约短期投资行为，防止其利用信息优势的操纵行为。

# 目　录

# 1 绪论

本章对理论背景和实践背景进行论述，从理论和实践两个方面分析研究意义，并且指出研究目的和研究内容，明确研究思路和研究方法，提出技术路线和全书框架等。

## 1.1 研究背景及意义

中国证券市场行情低迷，机构投资者数量过少，这样的市场如果突然放开，将会陷入困境。但随着全球经济一体化的发展，中国要与世界接轨就必须逐步放开金融市场，允许国外资本进入国内市场。在我国境内机构投资者的投资理念不成熟、持股比例低以及上市公司治理结构不完善的大背景下，2002 年，证监会同外汇局组织国内外学者研究允许外资以境外机构投资者（Qualified Foreign Institutional Investor，QFII）方式投资于国内 A 股市场。学者们认为，我国引入资本雄厚、经验丰富、富有理性投资战略的外资机构进入国内市场是一种有限度的引进外资的过渡性制度，能够促使上市公司规范化运作、完善公司治理结构，并且引导境内投资者的理性投资行为。境外机构投资者制度已经被广泛应用于一些新兴工业化国家和地区，如韩国、印度、巴西和我国台湾地区等。我国内地于 2002 年开始逐步引入 QFII 制度。借鉴境外经验，我国引入境外机构投资者是逐步开放国内资本市场的现实选择。

截至 2016 年 8 月 30 日，我国境外机构投资者共计 270 家，累计批准额度为 814.78 亿美元。境外机构投资者普遍坚持以企业价值为本的长期投资理念，对公司绩效和企业成长性特别关注。境外机构投资者的进入是否会通过影响我国上市公司治理结构对公司经营绩效产生影响？深入分析境外机构投资者持股对我国上市公司经营绩效的影响路径和作用机理，对指导我国上市公司提高公司经营绩效以及发展混合所有制经济具有理论意义和现实意义。

### 1.1.1 研究背景

#### 1.1.1.1 实践背景

2003 年 7 月 9 日，境外机构投资者正式进入我国内地市场。境外机构投资者以其独特的投资理念和我国政府政策的支持，投资额度和企业家数逐年递增，分别由 2003 年的 17 亿美元和 12 家增长到 2016 年的 814.78 亿美元和 270 家。并且，境外机构投资者关注上市公司的盈利性和成长性、重视公司治理结构，提高了我国上市公司经营绩效和规范化运作水平。

美国安然、雷曼兄弟等企业破产，从本质上来说就是公司治理问题。2015 年，万科宝能事件引起了国内外企业界和学术界的广泛关注，它所涉及的问题看似纷繁复杂，实质上也是公司治理问题。为什么像万科这么优秀的企业会陷入如此困境？“宝万股权之争”表明，万科集团在股权结构、董事会治理结构以及监事会治理结构等方面存在问题。公司治理结构的不合理会导致经理层滥用职权以及大股东掠夺中小股东的权益等。虽然我国《公司法》从 1993 年颁布至今已有 20 多年，但公司治理中的“内部人控制”“大股东操纵”以及独立董事“不独立”等问题依然存在，尤其是大股东利用控制权侵占中小股东权益、监事会职能不能有效发挥等公司治理问题制约着我国上市公司的发展。十八届三中全会指出，要积极发展混合所有制经济，使投资主体多元化，完善公司治理结构，提高公司经营绩效。境外机构投资者作为境外投资主体以及我国主要的机构投资者，拥有强大的资金实力、丰富的投资管理经验以及独特的投资理念，为了维护自身利益和获取长期投资收益，能够通过持有上市公司的股份影响公司治理结构和公司经营绩效。

（1）我国混合所有制经济发展的需要。自 20 世纪 90 年代开始，我国政府全面实施国有企业改革，允许民间资本和外资参股或控股国有企业，促进了混合所有制经济的快速发展。十八届三中全会指出，应该积极发展混合所有制经济，深化国有企业改革，促进国有经济与市场经济的结合。目前，我国在混合所有制经济的发展方面已经取得了一定成效，国有资本控股或国有资本参股的上市公司逐年递增。

机构投资者持有国有企业的股份，有利于促进国有资本与非国有资本的融合，从而促进混合所有制经济的发展。境外机构投资者作为境外投资机构，拥有成熟的投资理念，重视上市公司分红，关注企业长远发展。境外机构投资者持有我国国有上市公司的股份，有利于境外资本与国有资本的相互渗透，并且利用境外机构投资者在投资理念、资金、人才等方面的优势，完善我国公司治理结构，增强企业实力，提升公司经营绩效。

（2）我国资本市场发展的需要。韩国、印度、巴西和我国台湾地区的经验表明，在一国资本市场尚未完全放开时，可以通过境外机构投资者制度逐步引进外资，开放本国资本市场。目前，我国资本市场尚未完全放开，经济制度尚不完善，与发达国家相比，机构投资者所占比重以及参与公司治理的程度均较低，制约了我国资本市场的发展。因此，引入境外机构投资者相当迫切。

引入境外机构投资者后，重视上市公司分红、关注企业长远发展的理性投资理念开始盛行，短期的投机行为有所减少。境外机构投资者通过参与公司治理促进了公司治理结构的完善以及公司经营绩效的提升。随着境外机构投资者制度的不断发展与完善，境外机构投资者已经逐步发展成为我国重要的机构投资者，持股比例不断增加。

（3）我国上市公司治理面临挑战。尽管我国政府采取了一系列措施进行上市公司治理改革，促使上市公司规范运作。但是，目前我国上市公司治理结构仍然存在不少问题，其中股权结构问题是影响公司治理结构的最根本问题。股权结构决定了公司的组织结构和权力分配，影响公司经营绩效，因此股权结构是影响公司治理结构的最重要因素。西方发达国家的公司治理实践表明，股权集中度与公司绩效呈倒“U”型关系，股权过于分散或过度集中都不利于建立有效的公司治理结构。股权结构过于分散，大多数股东对公司经营管理漠不关心，容易导致“搭便车”现象，不能对经理层形成有效的监督和约束机制；而“一股独大”的股权结构则会使控股股东擅权独断，在经营决策中容易对其他股东的利益造成损害，也不利于形成有效的公司治理结构。

引入机构投资者参与我国上市公司治理，形成由持股比例较高的大股东拥有较高控制权但彼此差距又不大的竞争性股权结构，是解决我国“一股独大”和“内部人控制”等股权结构不合理问题的一个有效途径。但是，由于我国境内机构投资者都与上市公司有着密切联系，如果让他们参与公司治理，很难从根本上解决我国上市公司治理中存在的问题。借鉴韩国、印度和我国台湾地区等引入境外机构投资者的成功经验，我国也可以通过引入境外机构投资者来改善上市公司治理结构。

（4）机构投资者的迅猛发展。机构投资者的迅猛发展使其已经超越个人投资者，成为发达资本主义国家的投资主体。机构投资者持有上市公司的股份，促使上市公司股权结构发生了根本性转变，促进了公司治理结构的完善。20 世纪 80 年代以来，机构投资者持股比例迅速增加，机构股东“积极主义行为”迅速发展，机构投资者对经理层的积极监督已经成为发达资本主义国家的一项公司治理创新。

在经济发展过程中，各个国家的公司治理结构都会存在一些问题，通过提高机构持股比例并参与公司治理，能够克服公司治理结构中的缺陷。因此，机构投资者作为一种公司治理改革创新，已为越来越多的国家（地区）所借鉴和采用。机构投资者的崛起，既改变了西方发达国家股权结构过于分散的现象，也改变了新兴经济体国家股权结构过于集中的现象。

（5）境外机构投资者对完善我国上市公司治理结构的潜在影响。自 2009 年我国首批创业板公司挂牌交易以来，越来越多的公司开始谋求上市，截至 2015 年底，沪深两市共有 2853 家上市公司。大部分公司上市的目的是筹集资金以促进企业更好的发展，但有的公司上市目的却是一场明显的圈钱运动。境外机构投资者的进入会对我国上市公司产生倒逼现象，即上市公司为了赢得境外机构投资者的青睐，吸引外资进入，会努力完善本公司的管理体制和信息披露制度等，促进上市公司规范经营。同时，境外机构投资者拥有专业的理财队伍、理性的投资行为和规模经济所带来的成本优势等，其发展壮大有利于促进我国上市公司规范化运作，完善公司治理结构。

境外机构投资者持股对我国上市公司治理结构的影响，具体表现在以下两个方面：

其一，由于境外机构投资者自身的投资选择及其在市场中的地位和作用，使境外机构投资者所持股上市公司在市场中的融资能力增强，既为境外机构投资者自己的资金利用率提供了较安全和较高的投资回报，也为被投资企业的良性发展创造了良好的条件。

其二，证监会对境外机构投资者持股规定如下：境外机构投资者进入我国A股市场，可以通过协商来参股上市公司，有利于改变国有股“一股独大”的股权结构，形成竞争式的股权结构。在面临“内部人控制”问题时，随着境外机构投资者持股比例的增加，会积极参与公司治理，并对公司治理结构提出相应的改善建议。

1.1.1.2 理论背景

公司治理结构的概念由美国学者贝利和米恩斯最先提出，其后学者们纷纷从不同角度对公司治理理论中的两权分离理论、委托代理理论和利益相关者理论等进行了大量的研究。20世纪90年代以来，发达国家的企业界和学术界对公司治理问题进行了深入的探讨，而1997年的亚洲金融危机则使公司治理问题成为东亚国家和地区的研究热点。随着经济全球化的快速发展，投资者为了获得较高的投资收益，往往要求上市公司不断完善公司治理结构，提升公司绩效，从而使公司治理问题再次成为实务界和学术界关注的焦点。

公司治理结构就是如何在公司内部划分权利。随着机构投资者的迅速发展，上市公司的股权结构发生了较大变化，持股结构的变化使机构投资者无法“用脚投票”来漠视公司的经营管理，而是被迫“用手投票”，即通过参与公司经营决策影响公司经营绩效。由于我国机构投资者发展时间较短，关于机构投资者持股与上市公司绩效的研究成果较少，并且现有文献主要集中在理论研究方面，实证研究较少，在研究内容上主要是以机构投资者作为研究对象，未将其进行分类研究。由于境外机构投资者进入我国的时间只有十几年，因此关于QFII持股与公司经营绩效的研究则更少。

关于机构持股方面的研究，或许是因为发展历史较短以及传统研究范式的影响，关于境外机构投资者持股的相关研究则较少。境外机构投资者在转轨经济体和新兴市场国家的快速发展，以及对上市公司治理结构的影响，使企业界和学术界对境外机构投资者持股非常关注并期望其能够改善公司治理结构，促进公司良性发展。在经济全球化背景下，新兴经济体国家不可能像发达国家一样完全放开本国的证券市场，为了防止外来资本对本国市场的冲击，通常采用一种渐进式的开放模式，其中比较成熟的开放模式是境外机构投资者制度。由于境外机构投资者是新兴经济体国家在经济发展过程中的一种过渡性制度，西方发达国家并不存在这种制度。因此，国外学者关于境外机构投资者方面的研究虽然取得了一些成果，但都是针对新兴经济体国家（如韩国、印度等）的研究，并且研究内容主要集中在对新兴经济体国家实施境外机构投资者制度进行经验总结（Kaminsky & Schmukler，2007；Coval & Moskowitz，1999；Lu，2003），以及境外机构投资者持股对公司绩效的影响（Gedajlovic & Shapiro，2002；Douma et al.，2006）等方面。由于我国 2003 年才引入 QFII 制度，因此国内学者的相关研究起步较晚，研究内容主要是对国外学者的研究成果进行综述，以及进行制度研究或者借鉴国外学者的研究方法进行比较研究等。现有关于境外机构投资者的研究主要集中在投资偏好及其对证券市场波动性的影响两个方面。

国内外学者对 QFII 持股与公司治理结构和公司绩效方面进行了相应的研究。国外学者的研究主要集中在 QFII 持股与公司绩效的关系方面，例如，Khanna 和 Palepu（2011）以印度孟买的上市公司为样本的研究表明，QFII 股权投资有利于提高公司绩效；Gedajlovic 和 Shapiro（2002）实证研究认为，境外机构投资者持股比例与上市公司绩效正相关。国内学者关于境外机构投资者持股对公司绩效的影响，侧重于从理论的角度进行定性分析。例如，李纪明和方芳（2005）认为，境外机构投资者持股能够影响经理层激励和信息披露质量，完善上市公司治理结构，提升公司治理水平。陈世剑和王娜（2007）认为，境外机构投资者能够加速上市公司股权分置改革，强化信息披露质量和会计审计制度，有利于提升我国上市公司治理水平，周泽将和余中华（2007）分析了 QFII 持股与公司治理水平之间的关系，认为二者之间呈正相关。邱丽燕（2014）实证研究表明，境外机构投资者持股促进了公司治理绩效的提升。

目前，关于境外机构投资者的研究，学者们更多地聚焦于其投资偏好和对证券市场波动性的影响等方面，而关于境外机构投资者持股如何影响公司治理结构和公司经营绩效方面的研究还较为欠缺。从我国上市公司的发展现状来看，控股股东权力过大、独立董事“不独立”、监事会监督职能“缺位”、经理层激励约束机制不健全等问题严重地制约了我国上市公司治理结构的完善和公司经营绩效的提升。在我国全面深化改革、积极发展混合所有制经济的大背景下，上市公司治理结构如若得不到改善，就会使公司治理机制失效、经营绩效下滑。2000 年，国家大力发展机构投资者，机构投资者的类型、数量和规模都得到了迅速发展，促进了公司治理结构的完善和公司经营绩效的提升，提高了机构的投资收益。由此可见，机构投资者已经成为一个新兴的外部公司治理机制。而境外机构投资者作为独立于控股股东和外部中小股东的境外投资机构，具有资金、人才和信息等多方面的优势，随着其持股比例和持股数额的增加会积极参与公司治理。因此，引入境外机构发展混合所有制经济，有利于完善我国上市公司治理结构，提高公司经营绩效。

### 1.1.2 研究意义

经济全球化的发展使我国对外直接投资额不断扩大，2001 年加入世贸组织后，我国对外直接投资迅速发展。我国企业要发展壮大，不仅需要“走出去”，同时也需要“引进来”。2006 年，我国境外机构投资者进入了快速发展时期，QFII 持股数额和持股比例的增加促进了我国机构投资者规模的扩大。从企业的角度而言，引入境外机构参与公司治理，能够规范我国上市公司经营行为、完善公司治理结构、提升公司经营绩效。境外机构投资者是否会参与公司治理、参与程度如何，对公司经营绩效会产生什么影响？这将成为学术界和实务界关注的一个焦点，也是我国引入境外机构投资者需要着重考虑的问题。因此，展开关于 QFII 持股对我国上市公司经营绩效直接影响和间接影响的研究，具有重要的理论意义和实践意义。

#### 1.1.2.1 理论意义

本书以境外机构投资者为研究对象，在现有公司治理理论以及契约理论、企业能力理论、委托代理理论和利益相关者理论等基础上，分析了 QFII 持股对公司经营绩效的直接影响和间接影响，即董事会治理结构和监事会治理结构在 QFII 持股与公司经营绩效之间的中介作用，以及 QFII 持股与董事会治理结构和监事会治理结构的交互作用对公司经营绩效的影响。本书的研究进一步补充和完善了现有关于机构投资者持股与公司绩效两者之间关系的理论体系，加深了对 QFII 持股、上市公司治理结构和公司经营绩效三者之间关系的机理分析，揭开了 QFII 持股影响公司经营绩效的作用路径，对我国引入境外机构投资者以及完善公司治理结构的研究具有一定的理论价值。

（1）完善了上市公司经营绩效测度指标体系的构建。衡量上市公司经营绩效的测度指标较多，但通过阅读相关文献发现，学者们只是选取其中某一个指标来测度公司经营绩效，导致现有关于上市公司经营绩效测度指标选取得不完整，影响研究结论的准确性和客观性。本书参考“国资委企业绩效评价指标体系”，并结合上市公司自身特点，分别从盈利能力状况、资产质量状况、债务风险状况、经营增长状况和股本扩张能力五个方面全面测度上市公司经营绩效。为分析 QFII 持股对公司经营绩效的直接影响和间接影响做好了铺垫，有助于后续研究的深入。

（2）实证研究了 QFII 持股比例与董事会治理结构和监事会治理结构的交互作用对公司经营绩效的影响。目前关于 QFII 持股与公司治理结构和公司经营绩效三者之间关系的研究较少，而且缺乏系统性。本书将在前人研究基础上，围绕 QFII 持股对上市公司治理结构的影响，展开针对 QFII 持股、公司治理结构以及公司经营绩效三者之间关系的研究。尽管学者们对机构持股与公司绩效的关系进行了大量研究，但关于 QFII 持股与公司绩效关系的研究还较少，学者们的研究也未区分公司经营绩效和公司治理绩效，也没有考虑 QFII 持股是否通过影响公司治理结构进而对公司经营绩效产生影响。本书以我国沪深 A 股上市公司前十大股东中有 QFII 持股的上市公司作为研究样本，实证检验 QFII 持股高低和 QFII 持股制衡度对公司经营绩效的直接影响和间接影响。霍晓萍（2015）研究了机构持股与股权性质的交互作用对资本成本的影响，结果表明，二者之间的交互作用会对资本成本产生影响。基于此，本书进一步研究 QFII 持股比例与董事会治理结构和监事会治理结构的交互作用对公司经营绩效的影响，揭开了 QFII 持股对公司经营绩效影响的作用机理。

（3）在研究 QFII 持股对公司经营绩效的间接影响时，分析了董事会治理结构和监事会治理结构的中介作用。境外机构投资者持股促进公司经营绩效的提升，是因为其本身就具有公司治理效应，还是通过某些中介变量对公司经营绩效产生影响？现有研究尚未对此进行深入分析，尚未揭开 QFII 持股对公司经营绩效影响的作用机理。基于此，本书的理论贡献之一是从理论和实证的角度研究了境外机构投资者通过何种路径对公司经营绩效产生影响，董事会治理结构和监事会治理结构是否会在其中起中介作用。与现有关于机构持股的研究相比，研究董事会治理结构和监事会治理结构在 QFII 持股与公司经营绩效关系间的中介作用，可以深化对 QFII 持股的公司治理机制和作用路径等方面的认识，有助于公司治理理论的演进和扩充。

（4）西方发达国家的机构股东能够有效监督经理层行为，缓解委托人和代理人之间的利益冲突；我国的机构股东不仅能够缓解委托人和代理人之间的矛盾，还能缓解大股东与中小股东之间的冲突。由此可见，机构股东作为公司外部治理机制，能够有效解决公司内部治理问题。境外机构投资者作为机构投资者中的一种，具有机构投资者的基本特性，即能够影响公司治理结构。但目前关于境外机构投资者的研究中，学者们关于 QFII 持股影响证券市场波动性方面的研究较多，而关于 QFII 持股对公司绩效影响方面的研究则较少。基于此，本书将 QFII 持股比例划分为两个区间段：QFII 持股比例低于 5% 和 QFII 持股比例介于 5%～30%，分别研究 QFII 持股高低和 QFII 持股制衡度对公司经营绩效的影响，以深入揭示 QFII 持股对我国上市公司经营绩效的作用机理和影响路径。通过研究，可以进一步补充和完善现有关于 QFII 持股、公司治理结构和公司绩效之间关系的理论体系，丰富公司治理理论和公司绩效理论，并提出一个比较完整的理论框架，加深对 QFII 持股与公司绩效关系的机理分析。因此，针对 QFII 持股与公司经营绩效关系的理论研究具有积极的理论意义。

#### 1.1.2.2 实践意义

1994 年 7 月 1 日，我国《公司法》正式实施，这对规范我国上市公司经营行为发挥着重要作用。2005 年我国推行的股权分置改革，有利于建立和完善上市公司经理层的激励约束机制，制约大股东的违规行为，使上市公司经营管理趋于理性化和规范化。但由于历史原因造成的上市公司治理结构缺陷，如“国有股”一股独大、中小股东的利益难以维护等问题，单靠个人投资者是无法解决的。机构投资者作为专业的、大型的投资机构，拥有人才、资金和信息等优势，能够做出相对理性的决策。通过大力发展机构投资者，特别是引入 QFII，既可以优化公司的权力分配，也可以制衡大股东的力量，完善公司治理结构。但是，由于境外机构投资者进入我国的时间较短，在持有我国上市公司股份的过程中会遇到以下两个问题：一是境外机构投资者持有上市公司的股份，是否会提升公司的经营绩效是未知的，这表明 QFII 持股与提升公司经营绩效之间还存在其他因素的影响，如介入公司治理的动力和能力等；二是现有关于境外机构投资者的研究中，针对 QFII 持股高低对公司经营绩效的直接影响和间接影响，以及针对 QFII 持股比例与董事会治理结构和监事会治理结构的交互作用等方面的理论研究和实证研究较少。

国内外学者对机构持股与公司绩效的关系进行了较多的研究。近年来，随着机构投资者队伍的壮大和持股比例的提高，学者们的研究日益深入，但有关 QFII 持股高低与公司经营绩效关系的研究却较少，而关于 QFII 持股高低和 QFII 持股制衡度对公司经营绩效的直接影响和间接影响的研究则更少。本书将从三个方面对 QFII 持股与公司经营绩效的关系进行研究，以指导我国上市公司提升经营绩效的实践活动。一是 QFII 持股结构对公司经营绩效的直接影响，即 QFII 持股高低和 QFII 持股制衡度对公司经营绩效的直接影响。对于上市公司来说，合理地引入境外机构投资者，通过利用其资金、技术、人才、信息等优势能够提高公司经营绩效。二是 QFII 持股比例对公司经营绩效的间接影响，即在研究 QFII 持股比例对公司经营绩效的影响时，考虑董事会治理结构和监事会治理结构是否在其中扮演着中介作用，分析境外机构投资者是否通过影响董事会治理结构和监事会治理结构从而提升公司经营绩效。三是董事会治理结构和监事会治理结构与 QFII 持股比例的交互作用对公司经营绩效的影响。随着 QFII 持股比例和企业家数的增加，其对我国上市公司治理结构和经营绩效产生了较大的影响。因此，展开针对 QFII 持股对公司经营绩效直接影响和间接影响的研究，具有较好的实践意义。

## 1.2 研究目的与内容

### 1.2.1 研究目的

根据前面研究背景的分析可以发现，我国上市公司为了完善公司治理结构，可以通过引入境外机构投资者参与公司治理，提升公司经营绩效。现有关于 QFII 持股的相关研究中，从证券投资理论和经济学等领域看，均已取得了相应的进展，但对于阐释 QFII 持股对公司经营绩效的直接影响和间接影响的研究仍较为欠缺。在前人研究基础上，本书的研究致力于分析 QFII 持股对公司经营绩效的直接影响和间接影响，并通过面板数据实证分析进行验证。本书的研究可以分解为以下三个子问题的研究：

（1）QFII 持股结构对公司经营绩效的直接影响。当前学者们关于 QFII 持股对证券市场波动性的影响关注较多，但关于 QFII 持股对公司经营绩效的影响还较为缺少。本书将根据“国资委绩效衡量指标”以及上市公司的特点，从盈利能力状况、资产质量状况、债务风险状况、经营增长状况和股本扩张能力五个方面全面衡量上市公司经营绩效，并通过实证研究的方式，予以检验 QFII 持股高低和 QFII 持股制衡度对公司经营绩效的直接影响。

（2）QFII 持股比例对公司经营绩效的间接影响，即董事会治理结构和监事会治理结构在 QFII 持股比例与公司经营绩效之间的中介作用研究。QFII 持股会对公司经营绩效产生影响，但它是通过何种路径对公司经营绩效产生影响？董事会治理结构和监事会治理结构在其中又起到了什么作用？基于此，本书拟通过实证分析，研究董事会治理结构和监事会治理结构在 QFII 持股比例与公司经营绩效之间的中介作用。

（3）QFII 持股比例与董事会治理结构和监事会治理结构的交互作用对公司经营绩效的影响研究。理论分析认为，QFII 持股比例与董事会治理结构和监事会治理结构相互影响、相互作用，那么，这种交互作用对公司经营绩效产生什么影响？基于此，本书拟通过实证研究，分析 QFII 持股比例与董事会治理结构和监事会治理结构之间的交互作用对公司经营绩效的影响。

### 1.2.2 研究内容

围绕上述研究目的，本书的研究内容如下：

第一，QFII 持股与公司治理结构的关系研究。在“新兴 + 转轨”经济体制的中国，已有境外机构投资者持有上市公司的股份，他们对公司治理结构的影响已成为不可避免的话题。特别是股权分置改革完成以后，上市公司的股权结构发生了较大变化，有待深入分析 QFII 持股对公司治理结构和公司经营绩效的影响。基于此，在现有研究基础上，首先从理论的角度分析 QFII 持股比例对董事会治理结构和监事会治理结构的影响作用；其次从实证的角度进行验证，试图解释境外机构投资者在我国是作为价值投资者还是作为财务投机者而获取利润。

第二，QFII 持股高低和 QFII 持股制衡度对公司经营绩效的直接影响研究。首先，从理论的角度分析 QFII 持股高低和 QFII 持股制衡度与公司经营绩效之间的关系；其次，通过我国上市公司的具体数据，实证检验 QFII 持股高低和 QFII 持股制衡度与公司经营绩效之间的关系，以拓展现有关于境外机构投资者的研究角度。

第三，QFII 持股比例对公司经营绩效的间接影响，即研究董事会治理结构和监事会治理结构的中介作用。境外机构投资者通过持有上市公司的股票参与公司治理，从而影响公司经营绩效。但是，关于境外机构投资者如何影响公司治理结构，进而影响公司经营绩效的中介作用研究还较少，即关于 QFII 持股对公司经营绩效影响的作用路径研究较为匮乏。本书将在理论研究的基础上，构建董事会治理结构和监事会治理结构在 QFII 持股比例与公司经营绩效之间的中介作用模型，并进行实证检验。

第四，QFII 持股比例与董事会治理结构和监事会治理结构的交互作用对公司经营绩效的影响。提出 QFII 持股比例与董事会治理结构和监事会治理结构的交互作用对公司经营绩效影响的理论模型，以及相关研究假设，以拓展现有关于 QFII 持股与公司经营绩效的研究思路，形成一种新的 QFII 持股影响公司经营绩效的作用模型，并通过具体数据对模型进行实证检验。

本书研究内容共 7 章，具体如下所示：

第 1 章为绪论。对理论背景和实践背景进行论述，从理论和实践两个方面分析研究意义，并且指出研究目的和研究内容，明确研究思路和研究方法，提出技术路线和全书框架。

第 2 章为文献综述。对本书涉及的相关文献资料，例如，公司治理与公司绩效、机构投资者持股与公司绩效、境外机构投资者持股与公司绩效等现有文献资料进行了整理和综述，为后续概念模型的构建和理论分析做好铺垫。通过文献述评发现，现有研究存在的不足和缺口，找到本书研究的切入点。

第 3 章为理论研究与假设构建。分析 QFII 持股对公司经营绩效影响的作用机理，以及 QFII 持股比例与董事会治理结构和监事会治理结构的交互作用对公司经营绩效影响的作用机理。根据本书研究目的和研究内容，基于上市公司治理理论和委托代理理论等，通过理论分析构建出本书的概念模型。在概念模型构建的基础上，从三个角度提出研究假设：QFII 持股对公司经营绩效直接影响的研究假设；董事会治理结构和监事会治理结构的中介作用研究假设；董事会治理结构和监事会治理结构的交互作用研究假设。

第 4 章为研究设计。根据构建的研究假设，选取研究样本；对研究中涉及的解释变量（QFII 持股高低和 QFII 持股制衡度）、中介变量（董事会治理结构和监事会治理结构）、被解释变量（公司经营绩效）以及控制变量（公司规模、控股股东类型和股权集中度）进行选择与定义；构建研究中涉及的多元回归模型、中介作用模型以及结构方程模型等。

第 5 章为实证分析与假设检验。实证分析 QFII 持股对公司经营绩效的直接影响和间接影响。首先，进行描述性统计分析，对样本数据的基本特征进行描述；其次，利用现有相关数据，对公司经营绩效进行主成分分析，计算得到公司综合经营绩效；最后，利用样本数据，分别使用中介作用模型、多元回归模型和结构方程模型，对研究假设进行实证检验。

第 6 章为结果讨论。对本书的实证研究结果进行汇总，同时对实证研究结果进行分析和阐释；根据实证研究结果，提出相应的政策建议，有助于我国引入境外机构投资者、完善公司治理结构以及提升公司经营绩效。

第 7 章为研究结论与展望。根据上述研究，首先，总结主要研究结论并进行讨论；其次，根据研究内容，提炼文章的主要创新点；最后，对研究中存在的不足之处予以剖析，对 QFII 持股与公司经营绩效关系的后续研究方向和研究内容进行展望。

根据本书研究内容，绘出本书框架结构，如图 1.1 所示。

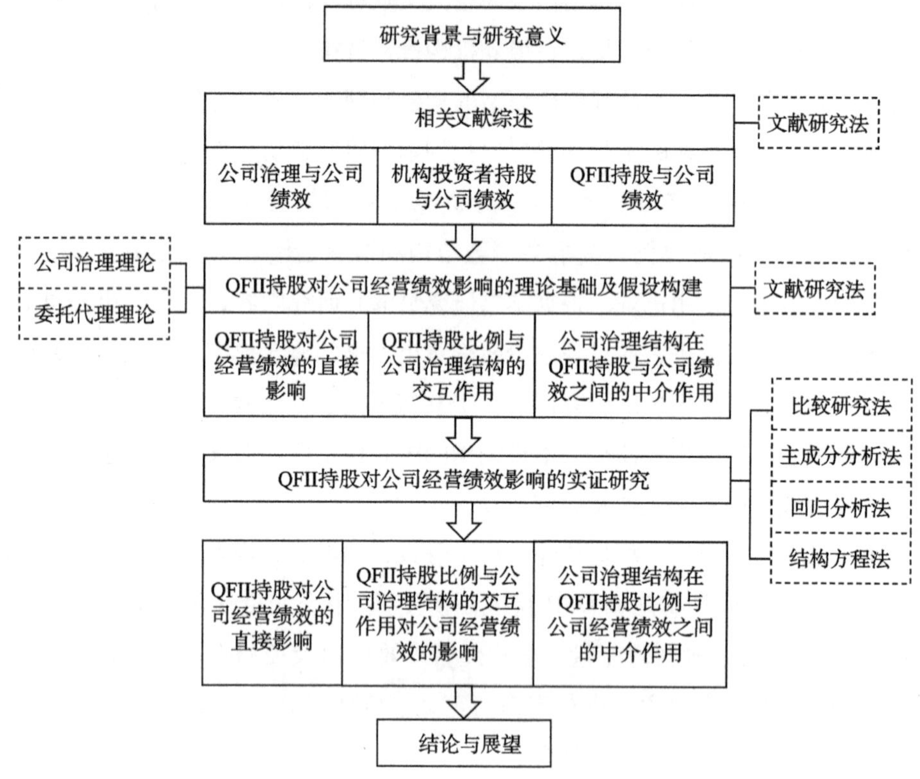


**图 1.1　本书框架结构**

## 1.3　研究思路与方法

### 1.3.1　研究思路

根据对研究背景和研究意义的分析，以及在研究目的和研究内容相继阐明的基础上，以“提出问题—分析问题—解决问题”的逻辑顺序，将理论研究与实证研究相结合、定性研究与定量研究相结合。

本书以 QFII 持股作为研究的出发点，考虑到 QFII 持股比例不同，奉行的投资理念就会存在差异，那么对公司经营绩效的影响也不同，以层层递进的方式研究 QFII 持股对公司经营绩效的影响。具体的研究思路为：首先，根据国内外相关文献综述和实践提炼，提出本书的研究问题；根据相关文献资料和理论分析，界定了研究中所涉及的相关变量及其具体测量，以及变量之间的相互关系；在此基础上提出了概念模型和研究假设。其次，在对 QFII 持股、董事会治理结构和监事会治理结构、公司经营绩效等数据资料全面收集的基础上，采用数理统计分析法对相关数据进行量化分析，从而验证研究假设。最后，对本书的研究结论进行归纳总结，指出本书研究的不足之处，并对后续研究方向予以展望。

具体研究思路如下所示：

（1）介绍研究背景和研究意义。从实践背景和实践意义、理论背景和理论意义两大方面指出所要研究的问题；在此基础上，阐述研究目的、研究内容以及研究方法等，为后续研究奠定基础。

（2）对国内外相关研究文献资料进行综述。分别从公司治理与公司绩效、机构投资者持股与公司绩效，以及境外机构投资者持股与公司绩效等方面对国内外研究文献进行综述和评述，发现现有研究中尚待解决的问题，指出本书的研究问题和研究思路，奠定研究基础。

（3）分析 QFII 持股对公司经营绩效的直接影响。研究 QFII 持股高低和 QFII 持股制衡度对上市公司经营绩效的直接影响。通过理论演绎，预先提出多个研究假设并构建概念模型。通过相关数据资料，采用回归分析法对研究假设进行实证检验。

（4）分析 QFII 持股比例对公司经营绩效的间接影响，即 QFII 持股通过何种路径对公司经营绩效产生影响？在对 QFII 持股比例、董事会治理结构和监事会治理结构，以及公司经营绩效三者之间的关系进行理论分析后，提出相应的研究假设，构建相应的概念模型，并采用回归分析法对理论假设进行检验，并讨论实证研究结果。

（5）分析 QFII 持股比例与董事会治理结构和监事会治理结构的交互作用对

公司经营绩效的影响。提出相应的理论假设，构建相应的概念模型，并采用结构方程模型和交互作用分析法对研究假设进行实证检验。

（6）得出本书的研究结论、贡献与不足。最后，对实证研究得到的主要结论和所做研究贡献予以汇总，讨论研究中存在的不足之处，并对后续研究予以展望。

具体的研究思路，如图 1.2 所示。

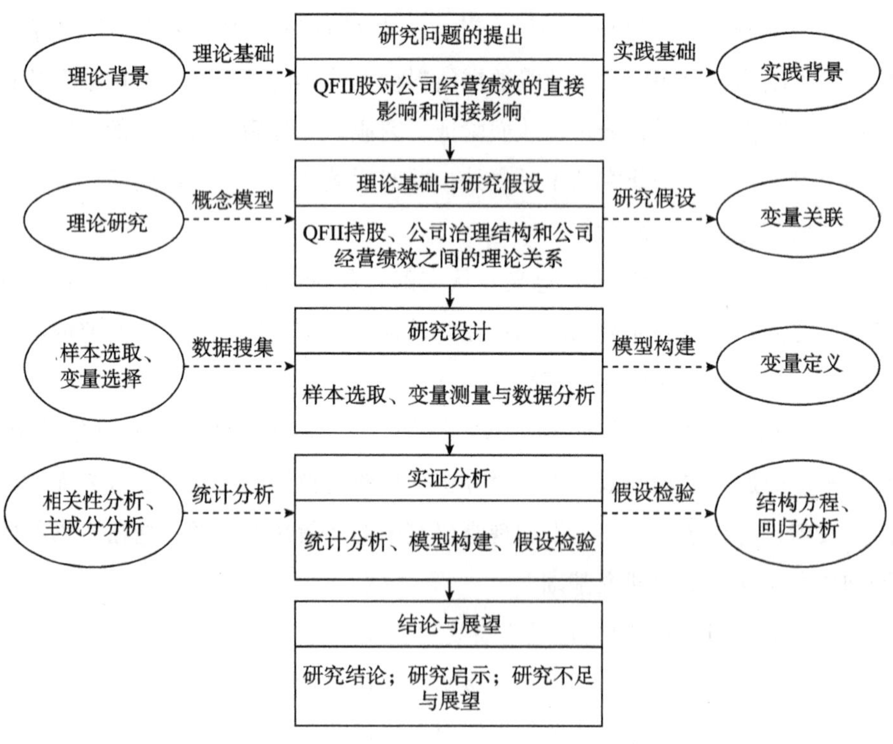


**图 1.2　本书的研究思路**

### 1.3.2　研究方法

根据上述研究目的和研究内容，针对具体研究问题，采用“理论分析—概念模型—假设构建—实证检验”的研究思路，借助 SPSS 和 AMOS 统计分析软件从理论和实证的角度分析了 QFII 持股对公司经营绩效的直接影响和间接影响。本书采用的具体研究方法如下：

1.3.2.1 文献研究法

文献研究法是以研究问题为导向，通过对国内外现有相关文献资料进行检索、阅读、归纳整理，形成对科学问题认识的一种研究方法。文献研究法是一项经济且有效的信息收集方法，通过对与研究问题相关的现有文献进行系统性的分析来获取相关研究信息。通过对公司治理与公司绩效，机构投资者持股与公司绩效，以及境外机构投资者持股与公司绩效等国内外相关文献资料进行检索、阅读以及整理，提出本书的研究问题。研究中使用的文献资料来源主要有 Emerald 外文电子期刊数据库、Elsevier 外文电子期刊数据库、CNKI 中国学术文献总库（期刊、学位论文）等。通过对国内外现有相关文献资料的阅读、整理、综述以及述评，在现有研究基础上，提出本书的研究方向、研究问题，构建了概念模型以及相关研究假设。

1.3.2.2 对比分析法

对比分析法是将两个相互联系的指标数据进行比较，从数量上展示和说明研究对象规模的大小和水平的高低，以达到认识事物的本质和规律，并做出正确的评价。本书研究中，通过对比 QFII 持股比例低于 5% 和 QFII 持股比例介于 5%~30% 的董事会治理结构和监事会治理结构以及公司经营绩效等，分析境外机构投资者在投资理念、公司治理结构和公司经营绩效等方面存在的差异。通过上述分析，进一步加深对 QFII 持股与公司经营绩效之间关系的认识。

1.3.2.3 统计分析法

统计分析法就是运用数学方式，建立数学模型，对相关数据及资料进行数理统计和分析，形成定量的研究结论。统计分析法通过对研究对象的数量关系进行分析，用以认识和揭示事物间的相互关系、变化规律以及发展趋势。本书在理论研究的基础上，提出相关研究假设，通过国泰安数据库、锐思金融数据库、上市公司年报以及东方财富网（数据中心）等获取研究所需的大量数据。采用描述性统计分析、相关性分析、主成分分析、多元回归分析、交互作用分析和结构方程模型等统计分析方法进行量化分析，用以检验本书提出的概念模型和研究假设，完成关于 QFII 持股对公司经营绩效影响的实证研究。

# 2　文献综述

根据本书所要研究的问题，本章将对研究中涉及的主要内容进行国内外相关文献资料的搜集、整理与综述，从而发现现有研究中可能存在的研究缺口，找到本书研究的切入点，为后续概念模型的构建和研究假设的构建提供理论基础。本章综述的内容主要包括以下三部分：

第一，公司治理与公司绩效的研究综述，包括公司治理理论与公司绩效、公司治理结构与公司绩效以及公司治理指数与公司绩效的研究综述；

第二，机构投资者持股与公司绩效的研究综述，包括机构投资者参与公司治理的方式和途径、机构投资者持股的公司治理效果以及机构投资者持股与公司绩效的研究综述等；

第三，QFII 持股与公司绩效的研究综述，包括 QFII 制度问题、QFII 持股与证券市场波动性、QFII 持股与公司治理以及 QFII 持股与公司绩效的研究综述等。

通过文献述评，发现国内外现有关于 QFII 持股与公司治理结构和公司绩效之间关系的研究成果以及研究不足，通过弥补当前的研究缺口，有助于推动本书的研究。

## 2.1　公司治理与公司绩效的研究综述

公司治理问题最早是由美国学者根据当时企业在经营管理方面存在的现实问

题而提出的。英美公司法学者把这种围绕对董事会的赋权、控制、制约机制称为公司治理。20 世纪 90 年代初，我国的经济学界也开始从不同角度对公司治理问题进行研究。学者们对公司治理的理解存在分歧，主要是关于公司治理的内涵界定，即公司治理仅仅指公司内部治理，还是应该包括公司内部治理和公司外部治理。

从公司治理的范围看，可以分为狭义和广义两种。狭义公司治理的目标是降低委托人和代理人之间的利益冲突，保证公司利益和股东利益最大化。学者们对狭义公司治理的理解侧重于公司所有者（股东）的利益最大化，例如，Berle 和 Means（1933）、Jensen 和 Meckling（1976）研究表明，公司治理主要是解决委托人和代理人之间的利益冲突，使二者的利益趋向一致。Fama 和 Jensen（1983）研究表明，公司治理是研究所有权与经营权分离情况下的委托代理问题，其目的是降低代理成本。Shleifer 和 Vishny（1997）研究表明，公司治理是解决公司的出资人如何确保自己可以得到投资回报，核心是要保证股东利益最大化。学者们对广义公司治理的理解是将利益相关者置于与股东相同的位置上，例如，Cochran 和 Wartick（1988）研究发现，公司治理主要是解决公司与利益相关者之间的矛盾。Blair（1995）研究表明，公司治理主要是解决剩余控制权和剩余索取权的分配问题。广义的公司治理使公司治理的外延不断拓展，公司治理不再仅仅局限于以股东为核心的公司内部治理，而是以利益相关者为核心的公司内外部共同治理，并且，广义公司治理的目标从追求股东利益最大化发展到保证利益相关者的利益最大化。

### 2.1.1 公司治理理论与公司绩效

公司绩效包括公司经营者效益和经营者业绩两个方面。其中，公司经营者效益主要表现在公司的盈利能力、资产运营水平、偿债能力和后续发展能力等方面；公司经营者业绩主要表现在经营者在经营管理过程中对公司的成长和发展所做出的贡献。公司绩效的评价主要建立在契约理论、企业能力理论和利益相关者理论等公司治理理论之上。因此，本书主要对以下三个方面的内容进行综述：契约理论与公司绩效、企业能力理论与公司绩效以及利益相关者理论与公司绩效。

#### 2.1.1.1 契约理论与公司绩效

企业契约观学者从信息不对称和信息有限理性两个假设条件出发，将契约理论分为完全契约理论和不完全契约理论。本书将分别对完全契约理论与公司绩效，以及不完全契约理论与公司绩效的相关文献进行综述。

（1）完全契约理论与公司绩效。美国学者 Berle 和 Means 认为，董事长和总经理两职合一会削弱董事会的独立性，应当将董事长和总经理两职分离，但两职分离将会产生委托代理问题，于是提出了委托代理理论。董事长和总经理两职分离会导致二者之间的信息不对称，因此，委托代理理论是建立在非对称信息博弈论基础上的。在委托代理关系中，委托人追求公司价值最大化，而代理人则追求自身收益最大化，二者的目标函数不一致，从而导致委托人和代理人之间存在利益冲突。在某种特定条件下，代理人可能会通过损害委托人的利益和公司价值从而实现自身收益最大化。基于上述分析，委托代理理论主要是研究在契约不完备的条件下，委托人如何有效激励代理人，控制道德风险，降低代理成本。

委托代理理论一方面强调公司经营活动的目标是追求投入产出最大化，另一方面则强调代理人可以凭借信息优势，通过一些有损委托人的行为而使自身利益最大化。因此，委托人绩效评价指标的选择会直接影响代理人的行为。委托人在评价公司绩效的过程中，不仅要考虑公司的经营绩效，还要将公司能力指标和代理人管理能力指标等纳入公司绩效指标体系，将公司长期发展目标和发展战略作为评价公司绩效的一个重要方面，最大限度地规范代理人的行为。也就是说，基于委托代理理论，委托人对公司绩效的评价由单纯考察公司经营成本转向追求公司价值最大化，更加关注公司的经济增加值（EVA）、销售利润率、现金流和资产负债率等财务指标。

（2）不完全契约理论与公司绩效。Hart 和 Moore（1990）认为，由于信息的不对称性和人的有限理性等因素影响，不可能规定未来所有事情的权利，契约不可能是完备的，即不完全契约是必然存在的。不完全契约理论认为，只有资产的所有者拥有对该资产的最终支配权，即拥有对该资产的剩余控制权。同时，由于契约的不完备性，公司的总收入不可能通过每个人的固定收入分配完毕，总会留有一定的剩余，索取这一剩余的人则享有对该公司的剩余索取权。由此可见，不完全契约理论就是关于企业剩余控制权和剩余索取权的分配问题。

不完全契约理论对公司绩效的影响主要表现在以下两个方面：

一是不完全契约理论将公司剩余控制权和剩余索取权纳入公司绩效评价体系中。剩余控制权和剩余索取权的分配直接关系到股东、经理层和员工的权益，合理分配剩余控制权和剩余索取权能充分调动各利益相关者的积极性，提高公司资源配置效率。由于各个公司所处的内部治理环境不同，对剩余控制权和剩余索取权的分配形式就不同，导致公司绩效存在差异。基于此，国内外学者开始关注公司治理结构与公司绩效之间的关系。例如，Barzel（1997）认为，剩余控制权和剩余索取权的合理分配，能够提高公司控制权配置效率和公司绩效。Milgrom 和 Roberts（1992）认为，剩余控制权和剩余索取权的合理分配有利于完善公司治理结构，提升公司绩效。张维迎（1996）认为，完善的公司治理结构取决于剩余控制权和剩余索取权之间的分配关系。国内外学者主要从公司所有权结构和经理层激励两个方面研究剩余控制权和剩余索取权与公司绩效之间的关系。例如，Welch（2003）、Driffield 等（2007）实证分析了公司所有权结构与公司绩效之间的关系。宋德舜和宋逢明（2005）、陈璇等（2006）从理论和实证的角度分析了国有股变更和经理层变更与公司绩效之间的关系。

二是在不完全契约理论框架下，资产和收益的排他性决定了资产拥有者对资产保值增值的关注。对剩余资产占有的份额越大，对所有者和经营者的激励作用越大，所有者和经营者的目标函数越一致，代理成本越小，公司绩效越好。即公司绩效的评价遵从股东至上的原则，注重每股收益以及每股收益增加值。

2.1.1.2 企业能力理论与公司绩效

企业能力理论和波特竞争优势理论都是用来分析企业的竞争优势，但是，波特的竞争优势理论是从企业外部分析企业的竞争优势，认为企业的竞争优势主要源于产业的选择和产业的市场结构等；企业能力理论则是从企业内部分析企业的竞争优势，使企业能够从自身寻找核心竞争力，获得持续竞争优势。

（1）资源基础观理论与公司绩效。Wernerfelt 在 1984 年提出了资源基础观理论，强调企业的竞争优势来源于企业所拥有的资源。资源基础观理论的核心就是研究公司绩效为什么会存在差异，以及公司如何利用资源的异质性来建立和维持竞争优势。资源基础观理论认为，企业的竞争优势存在于企业内部，是由企业所拥有和控制的那些有价值的、稀缺的、难以模仿和不可替代的特殊资源决定的，即企业的竞争优势来源于企业所拥有的异质性资源。学者们对资源异质性的形成条件持有不同的观点，例如，Dierickx 和 Cool（1989）认为，资源的异质性主要体现在资源的难以模仿性和难以复制性两个方面。Rumelt（1982）认为，企业在初创期的资源是同质的，由于隔离机制的作用，企业资源呈现异质性。

（2）知识基础理论与公司绩效。知识基础理论认为，隐性知识是企业核心能力的基础。企业获得成功的关键，主要源于企业所拥有的知识存量和知识结构，尤其是企业所拥有的难以被竞争对手所模仿和复制的隐性知识，并且企业要保持持久的竞争力必须不断更新知识，即知识的创造、应用和更新是企业竞争优势的来源。随着经济社会的发展，越来越多的学者也认为，企业竞争优势的关键是企业所拥有的难以被竞争对手所模仿和复制的隐性知识。Spender（2015）认为，企业的竞争优势来源于新知识的创造。Zollo 和 Winter（2002）认为，企业能力产生于隐性经验的积累、显性知识的明确化和知识编码活动的协同化。公司绩效的差异主要是由知识的不对称性以及由此导致的公司经营能力的差异形成的。Conner 和 Prahalad（1996）认为，在不同的环境下、具有不同成长路径以及不同组织文化的企业所具有的隐性知识不同，根植于企业的经营管理实践中，有助于企业获取并保持竞争优势。

（3）动态能力理论与公司绩效。在一个动态变化的环境中，企业原有的核心能力理论无法解释企业如何获得竞争优势以应对快速变化的市场环境。基于此，Teece 等（2015）提出了动态能力理论，认为动态能力就是企业整合内外部资源以应对环境快速变化的能力。动态能力理论是在资源基础观理论的基础上，综合核心能力理论的观点而形成的。

动态能力理论提出以来，学者们从不同角度对其进行了深入研究，取得了丰硕的研究成果，现有相关研究主要集中在以下五个方面：

第一，对动态能力的内涵理解存在差异。例如，Zott（2003）认为，动态能力是融入企业资源重构和运营常规中的日常组织程序。董俊武等（2004）认为，动态能力是企业保持竞争优势的能力。

第二，对动态能力特征的理解存在差异。例如，Eisenhardt 和 Martin（2000）认为，在一般动态市场环境中动态能力是复杂的，而在快速变化的市场环境中动态能力则是简单的。黄江圳和谭力文（2002）则认为，动态能力的特征与企业核心能力的特征具有相似性，但是动态能力重点强调企业的创新开拓性动力。

第三，对动态能力形成过程持有不同的观点。例如，Teece 等（2015）认为，动态能力的形成是由企业的资产地位和发展路径决定的。唐春晖（2003）和董俊武等（2004）认为，知识形成的动态过程就是企业动态能力的演变过程。

第四，关于动态能力与企业竞争优势关系的研究。例如，Teece 等（2015）认为动态能力是企业竞争优势的来源，而 Eisenhardt 和 Martin（2000）则认为动态能力本身并不是企业持久竞争优势的来源，由动态能力所配置和调整的资源结构才是企业竞争优势的来源。

第五，关于动态能力与公司绩效关系的研究。例如，Zott（2003）研究表明，动态能力的三个属性，即资源配置的时机、资源配置的成本以及资源配置的学习在短期内会影响公司绩效。张志坚（2001）研究发现，企业的竞争策略对动态能力与公司绩效的关系有调节作用。

#### 2.1.1.3 利益相关者理论与公司绩效

利益相关者理论是20世纪60年代在英美等国家中逐步发展起来的，国内学者关于利益相关者理论的研究开始于20世纪90年代。利益相关者理论认为，企业是由利益相关者组成的，企业的生存和发展取决于其能够有效地处理与各利益相关者的关系。公司绩效评价是利益相关者理论研究的核心问题。利益相关者理论认为，既然利益相关者也享有剩余索取权，那么在对公司绩效进行评价时既要考虑股东利益最大化，还要考虑利益相关者的利益最大化。目前，根据利益相关者理论对公司绩效进行评价，主要有以下三种评价方法：其一，公司绩效就是指公司的社会绩效；其二，公司绩效既包括财务绩效也包括非财务绩效，应将二者结合起来；其三，公司绩效包括任务绩效和周边绩效，只有将二者结合起来才能全面地评价公司绩效。利益相关者理论对公司绩效评价的贡献主要体现在注重消费者价值、企业社会责任感以及员工成长性三个方面。

国内学者关于利益相关者理论与公司绩效关系的研究还处于起步阶段，例如，李维安和李建标（2004）认为，企业应该协调好与利益相关者的关系，防止损害公司财务绩效行为的发生。武爱文（2008）实证研究表明，重视政府和员工等利益相关者的利益，有利于提高公司绩效，而重视竞争者和客户的利益则会有损公司社会绩效，但对财务绩效的影响作用不显著。王世权和王丽敏（2008）研究表明，利益相关者对公司绩效的影响作用不显著。关键等（2015）研究认为，不同的利益相关者对企业财务绩效的影响存在差异。由上述文献综述可以看出，部分学者认为利益相关者与公司绩效之间呈显著的正相关关系，但也有部分学者认为二者之间的相关关系不显著，主要是由于对利益相关者的界定不同、样本公司的规模不同以及公司所采取的战略存在差异等方面的因素造成的。

### 2.1.2 公司治理结构与公司绩效

公司治理理论主要是研究公司治理结构与公司绩效之间的关系，国内外学者对该问题分别从不同角度进行了大量研究，现有研究主要集中在以下两个方面。一是研究公司治理结构中的股权结构、董事会治理结构和高管激励对公司绩效的影响；二是构建公司治理指数来测度公司治理状况，分析公司治理指数与公司绩效之间的关系，代表学者有白重恩、李维安、安占强、刘银国等。

#### 2.1.2.1 股权结构与公司绩效

现有研究主要是从股权集中度和股权制衡度两个方面分析股权结构与公司绩效之间的关系。学者们对股权集中度与公司绩效的关系进行了大量的研究，其中，学者 Shleifer 和 Vishny（1986）、Gaur 等（2015）、张建平等（2016）、袁放建和李娜（2016）研究认为，股权集中度与公司绩效显著正相关。但是，Thomsen 和 Pedersen（2001）则认为，股权集中度与公司绩效显著负相关。王勇和郭名媛（2015）研究认为，股权集中度与公司绩效的相关关系不显著。钱美琴等（2015）、熊风华和黄俊（2016）研究表明，股权集中度与公司绩效呈非线性相关关系。

股权制衡度的研究开始于 20 世纪 90 年代末，学者们对股权制衡度与公司绩效的关系进行了深入研究，大部分学者认为，较高的股权制衡度能使大股东相互制约、相互监督，在一定程度上抑制“内部人”掠夺行为，提高公司绩效，代表学者有 Nguyen Pascal 等（2013）、王建文等（2015）。但是，国内学者徐丽萍等（2006）、刘银国（2010）则认为，较高的股权制衡度会形成大股东合谋，侵害公司利益，降低公司绩效。刘慧龙等（2009）研究认为，股权制衡度与公司绩效之间不存在显著的相关关系。阮素梅等（2014）研究表明，股权制衡度对公司绩效的影响呈非线性相关关系。

2.1.2.2 董事会结构与公司绩效

国内外学者主要从董事会规模、董事长和总经理两职设置以及董事会独立性等三个方面分析董事会结构与公司绩效的关系。其中，董事会规模与公司绩效关系的研究结论如下：孙永祥和章融（2000）研究表明，董事会规模越大，董事会成员之间的沟通成本就越高、效率就越低，即董事会规模与公司绩效负相关。Drakos 和 Bekiris（2010）则认为，董事会规模越大，对经理层的监管力度就越大，有利于降低经理层的自利行为，提高公司绩效，即董事会规模与公司绩效正相关。

董事长和总经理两职设置与公司绩效关系的研究结论如下：朱玉杰等（2016）认为，董事长和总经理两职兼任有利于降低沟通成本，提高公司绩效，即董事长和总经理两职兼任与公司绩效正相关。然而，Harris 和 Raviv（2008）、梁权熙和曾海航（2016）则认为，董事长和总经理两职兼任会使总经理权力过大而损害公司绩效，即董事长和总经理两职兼任与公司绩效呈负相关关系。

大部分学者研究认为，董事会独立性越高，董事会决策的质量就越高，公司绩效就越好，二者之间呈正相关关系，代表学者有 Brickley 等（1994）、李飞（2013）等。但是，也有部分学者得出了不同的研究结论，例如，Thomsen 和 Pedersen（2000）、王化成和于东智（2003）则认为，独立董事比例不会对公司绩效产生显著的影响作用。王华和黄之骏（2006）则认为，独立董事比例越高，公司绩效就越差，二者之间呈负相关关系。

2.1.2.3 激励机制与公司绩效

委托代理理论主要是解决委托方与代理方之间的委托代理关系，为了使代理方能够最大化委托方的利益，需要对代理方进行激励。最优契约理论认为，将经理层的报酬与公司绩效相挂钩，才能使经理层以公司利益最大化行为，即经理层薪酬激励有利于提高公司绩效。现有学者的研究大都支持上述观点，例如，Canarell 和 Gasparyan（2008）、刘绍娓和万大燕（2013）实证研究表明，对高管进行薪酬激励有利于提升公司绩效。但是，Brick（2006）却认为，高管薪酬激励与公司绩效负相关。企业对高管除了有短期的薪酬激励外，还有长期的股权激励。关于高管股权激励与公司绩效关系的研究结论如下：牛春平（2012）实证研究表明，高管股权激励与公司绩效显著正相关；刘锦红（2009）则认为，高管股权激励对公司绩效的影响作用不显著。

部分学者同时研究了高管薪酬激励和股权激励对公司绩效的影响，主要有以下四种结论：一是冯根福和赵钰航（2012）、徐向艺等（2016）研究认为，高管薪酬激励和股权激励能够降低代理成本，提高公司绩效，二者之间显著正相关；二是 Demsetz（1983）认为，高管薪酬激励和股权激励与公司绩效显著负相关；三是 Morck（1988）研究表明，高管薪酬激励和股权激励与公司绩效之间呈非线性相关关系；四是白重恩（2005）、李维安和苏启林（2013）实证研究表明，高管薪酬激励和股权激励对公司绩效的影响作用不显著。

### 2.1.3　公司治理指数与公司绩效

国外关于公司治理指数的测度指标主要有 G 指数和 E 指数，但大部分学者从公司治理的某几个方面构建治理指数来测度公司治理状况。例如，Shleifer 和 Vishny（1997）从董事会效率、高管激励、盈余质量和信息披露等四个方面构建公司治理指数来测度公司治理状况；Laffonda 和 Laineb（2006）从公司财务风险、股票收益和公司价值三个方面构建上市公司治理指数来测度公司治理绩效。

国内较为系统、全面的公司治理指数评价指标体系是由南开大学公司治理研究中心提出的，该指标体系以治理指数的形式来评价公司治理状况，对公司治理状况进行量化分析，为开展公司治理的实证研究提供了基础，填补了我国公司治理评价研究领域的空白。国内学者李维安（2005）从股东治理、董事会治理、监事会治理、经理层治理、信息披露和利益相关者治理六个维度构建上市公司治理指数，测度上市公司治理状况。国内其他学者则分别从公司治理的某一个或某几个方面构建治理指数来测度公司治理状况，具体如表 2.1 所示。

现有关于公司治理指数与公司绩效关系的研究主要有以下两种结论。大部分学者研究认为，公司治理指数与公司绩效正相关。例如，Cremers 和 Ferrell 利用 G 指数和 E 指数，检验了公司治理指数对公司绩效的影响，研究发现 G 指数和 E 指数与公司绩效显著正相关。Cohen 和 Ferrell（2009）实证研究表明，E 指数与以托宾 Q 值来衡量的公司绩效显著正相关。Cheung 等（2007）针对中国香港的实证研究表明，公司治理指数与公司绩效正相关。李维安和李滨（2008）研究表明，公司治理指数对公司绩效产生了积极的作用。谢海娟和刘晓臻（2016）研究

表 2.1 国内学者关于公司治理测度指标

| 测量维度 | 测度指标 | 代表学者 |
|---|---|---|
| 股权特征 | 第一大股东持股比例、第二至十大股东持股比例、第二至十大股东持股比例平方和、Z指数、股权制衡度、流通股比例、基金持股比例 | 李胜兰等（2016）；何瑛和胡月（2016）；吴德军（2016）；冯均科等（2016）；韩少真等（2015）；靳庆鲁（2009）；廖理等（2008）；白重恩等（2005） |
| 董事会特征 | 董事会规模、两职合一、独立董事比例、关联交易占比、十大股东是否关联、独立董事工作地点一致性、外部董事比例、董事会股权激励、董事薪酬、董事会会议次数、股东大会次数、股东大会出席率、审计委员会设立与否、控股股东担保、控股股东占用资金 | 李胜兰等（2016）；何瑛和胡月（2016）；吴德军（2016）；冯均科等（2016）；韩少真等（2015）；靳庆鲁（2009）；廖理等（2008）；白重恩等（2005） |
| 监事会特征 | 监事会规模、监事会股权激励、监事会主席持股比例、独立监事比例、监事会会议次数 | 冯均科等（2016）；韩少真等（2015）；靳庆鲁（2009） |
| 经理层特征 | 经理层薪酬、总经理持股比例、经理层持股比例、经理层规模、五大高管持股量 | 吴德军（2016）；韩少真等（2015）；靳庆鲁（2009）；廖理等（2008）；白重恩等（2005） |
| 公司性质 | 是否在其他市场挂牌上市、交叉上市地数量、是否拥有母公司 | 吴德军（2016）；冯均科等（2016）；韩少真等（2015）；靳庆鲁（2009）；白重恩等（2005） |

资料来源：作者根据相关文献整理。

认为，公司治理指数与公司绩效显著正相关。尽管大量的实证研究支持了公司治理指数与公司绩效之间存在正相关性，但部分学者则认为，公司治理指数与公司绩效之间的相关关系不显著。例如，Larcker 等（2007）通过主成分分析法从 39 个公司治理指标中提取了 14 个因子进行实证分析，结果表明，公司治理指数与公司绩效之间不存在显著相关性。Core 等（2006）研究表明，G 指数与公司绩效之间并无相关关系。

### 2.1.4 文献述评

综观国内外学者关于公司治理与公司绩效的相关研究，学者们在该领域的研究比较全面和深入，研究成果也非常丰富，但是现有研究存在以下两个方面的不足：

第一，在公司绩效测度指标的选择上，学者们一般选用托宾 Q 值、总资产收益率（ROA）或净资产收益率（ROE）等指标中的某一个或某几个指标来测度公司绩效，几乎没有学者采用综合的公司绩效测度指标，而针对上市公司绩效进行测度的指标就更少。仅仅选用某个单一指标测度上市公司绩效所得出的研究结论不全面，限制了实证研究的解释力度。

第二，在股权结构与公司绩效关系的研究方面，学者们主要采用股权集中度和股权制衡度这两个指标衡量上市公司股权结构，然而随着企业经营权和所有权的分离，两权分离度指标也能够较好地反映上市公司董事会的权力分配情况。同时，关于董事会结构与公司绩效关系的研究中，学者们主要选用董事会规模、董事会独立性以及董事长和总经理两职设置情况进行分析，然而"四委"设立个数也是影响董事会治理的一个重要方面，但现有文献中几乎没有关于此问题的研究。

## 2.2　机构投资者持股与公司绩效的研究综述

20 世纪 90 年代以前，国外学者的研究都是将机构投资者作为一个整体进行研究。自 Bushee（1998）将机构投资者进行分类后，后续学者的研究才开始考虑机构投资者的异质性。Brickley 等（1988）认为，不同类型的机构投资者参与公司治理的动力和能力存在较大差异。国内学者的研究大都按照机构投资者持股比例或者持股机构数目将机构投资者进行分类研究。例如，李青原（2003）建立数理模型进行实证分析，结果表明，机构投资者参与公司治理的动力和能力是由机构持股比例、监督成本和风险偏好等三个因素共同决定的。曹玉贵（2006）从博弈论的角度分析了治理收益和治理成本之间的关系，并且建立数学模型进行实证检验，结果发现，机构持股比例、持股公司数量，以及机构持股后公司股票价格的变动会影响机构投资者参与公司治理的积极性。殷春红和曹玉贵（2006）研究认为，机构投资者是否参与公司治理主要取决于治理成本和治理收益之间的关系。翁洪波和吴世农（2007）研究表明，机构投资者持股比例越高，上市公司发生“恶意派现”的概率就越低，公司绩效就越好。

### 2.2.1 机构投资者参与公司治理的方式和途径

#### 2.2.1.1 机构投资者参与公司治理的方式

（1）代理投票权。机构投资者接受或反对董事会决定以及经理层提案是其参与公司治理的最基本方式，是其实施监督行为的一种基本机制。Guercio 和 Hawkins（1999）以美国上市公司中的机构投资者为对象进行实证研究，结果表明，机构投资者通过联合其他股东采取“不投票”的方式迫使董事会按照股东利益做出决策，这种积极参与公司治理的方式有利于改善公司治理结构，提升公司绩效。

（2）股东提案。机构投资者作为上市公司的股东，通过提出建议的方式积极参与公司治理是一种常见手段。Gillan 和 Starks（2000）研究了美国机构投资者通过提出建议的方式积极参与公司治理，从投票结果和股票市场反应两个方面进行了实证检验，结果表明，与个人投资者相比，机构投资者的提案被采纳的概率更高，扮演着积极股东角色。

（3）反征集活动。反征集活动是上市公司外部股东联合公司其他股东防止经理层通过不利于股东利益的建议。Pound（1988）研究认为，反征集活动是代表股东利益的一种行为，是机构投资者积极参与公司治理的一种方式。

（4）法律诉讼。法律诉讼是机构投资者积极参与公司治理的一种有效监督方式，但由于其成本较高，因此使用频率较低。Cheng 等（2010）以美国证券诉讼案件为研究对象，从直接诉讼结果和公司治理改善情况两个方面研究机构投资者的监督作用，结果表明，机构投资者借助法律诉讼的方式能够积极监督上市公司行为，改善公司治理环境。

（5）私下协商。机构投资者通过与经理层进行私下协商来表达对公司经营管理的不满，是其积极参与公司治理的一种非正式方式。这种方式的成本较低，因此使用频率较高，但是由于这种方式缺乏约束而不容易达成协议。Hellman（2005）实证研究了 1993～1995 年瑞典机构投资者的公司治理行为，结果表明，机构投资者能够通过与经理层进行私下协商的方式积极参与公司治理，改善公司治理环境。

2.2.1.2 机构投资者参与公司治理的途径

（1）董事会治理。董事会结构和董事会效率决定了董事会治理状况，而董事会治理状况又会影响公司经营绩效。董事会结构主要包括董事会规模、董事会独立性、董事薪酬和董事任期等问题。现有关于机构投资者持股与董事会治理的理论研究和实证研究较少，仅有的几篇文献如下：David 和 Kochhar（1996）研究表明，机构投资者持股有利于提高董事会独立性。Brav 等（2008）研究认为，机构投资者持股能够改善董事会治理结构。Guercio 等（2008）认为，机构投资者能够通过持有上市公司的股票影响董事会决策，进而影响公司治理结构和治理绩效。Thomas（2008）认为，机构投资者可以有效地监督公司经理层行为，降低代理成本，改善公司治理环境。

（2）经理层激励。机构持股会影响上市公司治理结构和经理层激励（包括股权激励和薪酬激励）。Khan 等（2005）认为，机构持股会影响经理层薪酬激励，其中，机构持股会降低经理层薪酬水平，增加经理层薪酬绩效的敏感性。随着机构投资者持股比例的增加，通过作用于公司董事会，对经理层激励机制的影响作用会越来越显著。Hartzell 和 Starks（2003）实证研究表明，机构投资者持股集中度与经理层薪酬激励负相关，与经理层薪酬敏感度正相关，说明机构投资者会积极监督经理层行为，降低代理成本。李善民和王彩萍（2007）以我国机构投资者为对象进行实证分析，结果表明，机构投资者持股能够影响公司经理层的薪酬水平。伊志宏等（2010）研究发现，压力抵制型机构投资者持股会显著影响经理层的激励机制。张敏和姜付秀（2010）对机构投资者的公司治理作用进行了研究，结果表明，民营上市公司中的机构投资者会积极参与公司治理并影响公司经理层的薪酬敏感性。

（3）信息披露质量。机构投资者持股会影响上市公司的信息披露程度和信息披露质量。例如，Healy 和 Palepu（2001）、Bushee 和 Noe（2000）研究发现，机构投资者倾向于选择具有较高信息披露程度的上市公司股票，因此为了吸引更多的机构投资者，上市公司会努力提高信息披露质量。

（4）并购。并购会影响委托方和代理方之间的委托代理关系，从而影响公司价值和公司绩效。Gaspar 等（2005）认为，奉行价值投资理念的机构投资者会积极参与公司治理，削弱经理层有损于公司价值的并购行为。王彩萍和李善民（2007）对我国机构投资者的研究表明，2003 年以前机构投资者扮演着消极股东角色，参与公司治理以及提升公司绩效的积极性较低，2003 年以后机构投资者扮演着积极股东角色，参与公司治理以及提升公司绩效的积极性较高。

（5）关联方占用。关联方占用资金是控股股东“掏空”上市公司的重要手段之一。王琨和肖星（2005）研究表明，机构投资者持股比例越高，关联方资金占用程度就越低，说明机构持股能够制衡大股东的权利，有利于抑制控股股东对上市公司的“掏空”行为。高雷和张杰（2008）研究认为，基金持股比例与上市公司控股股东资金占用程度显著负相关，表明基金持股能够抑制控股股东对上市公司的“掏空”行为。

### 2.2.2 机构投资者持股的公司治理效果

#### 2.2.2.1 机构投资者持股与经理层薪酬

合理的薪酬制度能够将股东利益和经理层利益最大化，提高公司绩效。Almazan 等（2005）研究认为，当机构投资者对经理层的监督成本较低时，有利于改善经理层的薪酬制度。关于机构投资者持股与经理层薪酬关系的研究，国外学者取得了较多的研究成果，并且大多数学者都认为机构投资者持股与上市公司经理层薪酬正相关。例如，Chhaochharia 和 Grinstein（2009）研究表明，机构投资者持股比例越高，经理层的薪酬绩效敏感性就越强，即机构投资者持股比例与经理层薪酬总额正相关。Khan 等（2005）研究认为，机构投资者持股集中度越高，经理层的薪酬水平就越低。关于机构投资者持股与经理层薪酬关系的研究成果相对较少，并且研究结论不一致。例如，杨宝和袁天荣（2014）认为，机构投资者持股对经理层薪酬的影响作用较弱。王鹏程和李建标（2014）则认为，机构投资者持股能够显著提高民营上市公司的经理层薪酬水平，但是不会对国有上市公司经理层的薪酬水平产生显著影响，表明控股股东的类型会影响机构投资者对公司治理结构的影响。毛磊等（2011）、刘涛等（2014）实证研究表明，不同类型的机构投资者对经理层薪酬水平的影响作用不同，其中，证券投资基金与经理层薪酬水平显著负相关，而其他类型的机构投资者对经理层薪酬水平的影响作用不显著。卢锐和邢怡媛（2011）实证研究表明，机构投资者持股能够显著降低经理层薪酬水平，其中，境外机构投资者对经理层薪酬水平的影响作用最显著。

### 2.2.2.2 机构投资者持股与公司投融资决策

国外学者主要从研发投入的角度研究机构投资者持股与公司投融资决策的关系，而国内学者则主要从再融资和股权融资的角度研究二者之间的关系。例如，Bushee（1998）研究认为，机构投资者持股会抑制经理层通过减少研发投入来增加公司盈余，表明机构投资者对经理层的短视行为起到了监督作用。Wahal 和 Mcconnell（1998）以美国上市公司中的机构投资者为对象的实证研究表明，机构持股比例越高，公司的研发投入就越大，表明机构持股有利于促使经理层关注企业长期价值而不是短期盈余。姚颐和刘志远（2009）、刘涛等（2013）实证研究表明，基金持股比例和公司再融资表决结果的交互作用有利于促进公司绩效的提升，说明机构投资者持股有利于完善公司治理结构，提升公司绩效。范海峰和胡玉明（2010）研究表明，证券投资基金作为独立的机构投资者，能够有效监督经理层行为，因此其持股比例与公司股权融资成本显著负相关；而社保基金和保险基金由于不是独立的机构投资者，因此监督经理层行为的能力较弱，不会对公司股权融资成本产生显著影响。

### 2.2.2.3 机构投资者持股与公司盈余管理

尽管公司董事会和经理层进行盈余管理的动机并不完全相同，但他们都会出于自身利益考虑，对公司的财务状况进行干预，从而影响公司股东和外部投资者的投资行为。目前，国内外学者对该问题进行了大量的研究，以期找到合适的机制来抑制经理层的盈余管理行为。例如，Bushee（1998）研究表明，追求短期收益的机构投资者会协助经理层削减公司研发支出，提高公司短期绩效。Velury 和 Jenkins（2006）认为，机构投资者对公司盈余管理的抑制作用会受到外部因素的影响。Koh（2007）认为，奉行长期价值投资理念的机构投资者会对公司可操控性盈余管理产生显著影响，而奉行短期财务投资的机构投资者对可操控性盈余管理的影响作用不显著。薄仙慧和吴联生（2009）研究认为，机构投资者持股对民营上市公司和国有上市公司盈余管理的影响作用不同，也就是说，控股股东的类型会对机构持股与公司盈余管理的关系产生影响。李善民等（2011）实证研究表明，机构投资者持股比例和持股时间大于某一临界点以后，会对公司盈余管理产

生抑制作用，即发挥积极的公司治理作用。

### 2.2.3 机构投资者持股与公司绩效

20世纪90年代以前，机构投资者对所持股公司通常采取“华尔街规则”，即“用脚投票”。但随着机构投资者持股比例的提高，他们由“用脚投票”逐渐转向了“用手投票”，在公司治理中发挥了积极的作用，从而引起了学术界和企业界的广泛关注。机构投资者积极参与公司治理的目的是提升公司价值，获得高额的投资收益。Shleifer 和 Vishny（1986）研究表明，随着机构投资者持股比例和持股数额的增加，监督经理层的动力和能力将会提高，从而有利于提升公司价值。那么，机构投资者参与公司治理是否会对公司绩效产生显著影响？国内外学者对此进行了大量研究，得出了如下三种结论，即有效监督假说、负面监督假说和无效监督假说，并进行了实证检验。

#### 2.2.3.1 有效监督假说

有效监督假说认为，机构投资者凭借自身的信息、人才、技术和管理等经验监督经理层行为，以较低成本改善公司治理结构，提升公司绩效，发挥着积极股东角色，即机构投资者持股比例与公司绩效显著正相关（Bertrand，2001；Noe，2001）。Gillan 和 Starks（2003）研究认为，为了提高公司绩效，获得高额的投资收益，机构投资者会积极完善公司治理结构。Li 等（2006）以香港上市公司中的机构投资者持股为样本的实证研究表明，机构持股与公司绩效之间呈显著的正相关关系。Mallin（2004）研究发现，机构投资者对经理层的有效监督，促进了公司绩效的提升。Hartzell 和 Starks（2003）研究表明，机构投资者能够有效促使经理层提高公司绩效。Bethel、Liebeskind 和 Opler（1998）通过对 OECD 国家的研究表明，机构投资者倾向于选择“用手投票”来提升公司绩效。Claessens 等（2002）对亚洲国家机构投资者持股的研究表明，机构投资者持股有利于改善公司治理结构，提升公司绩效。Cornett 等（2003）实证研究认为，压力抵制型机构持股比例越高，公司经营现金流就越高，两者显著正相关。Hadani 等（2011）实证研究表明，机构投资者持股有利于促进公司绩效的提升。Binay（2005）以美国机构投资者为对象的实证研究表明，机构持股比例越高，公司价值越高。Mizuno（2010）以日本上市公司中的机构投资者为对象进行实证研究，结果表明，日本上市公司中的机构持股有利于促进公司长期绩效的提升。

中国学者娄伟最先对基金持股与公司绩效的关系展开了研究，其后学者们纷纷从不同角度研究了机构投资者持股与公司绩效的关系。例如，潘爱玲和潘清（2013）以我国沪深A股上市公司为样本的实证研究表明，机构持股与上市公司绩效显著正相关。薄仙慧和吴联生（2009）、程书强（2006）研究认为，机构持股比例越高，公司盈余信息的真实性就越高，公司绩效就越好。申尊焕和郝渊晓（2008）认为，机构投资者持股比例与公司会计业绩显著正相关。石美娟和童卫华（2009）研究认为，机构投资者持股比例与公司绩效正相关。范海峰等（2009）研究表明，机构投资者持股能够有效监督经理层行为，改善公司治理结构，提升公司绩效。彭丁（2011）、王雪荣和董威（2009）实证研究发现，机构投资者持股与公司绩效显著正相关。李彬（2009）实证研究了日本上市公司中机构持股比例与公司绩效的关系，结果表明，两者之间显著正相关。李维安和李滨（2008）通过构建公司治理指数对机构持股进行了研究，结果表明，机构持股有利于降低委托代理成本，提高公司治理水平和公司绩效。穆林娟和张红（2008）、伊志宏等（2010）对机构持股与公司绩效的关系进行了研究，结果表明，机构持股有利于提升公司价值。王琨和肖星（2005）从关联方资金占用的角度研究了机构持股与公司治理结构的关系，认为机构持股比例越高，公司治理结构越完善。陆瑶等（2012）研究表明，机构投资者持股有利于减少上市公司违规行为，改善公司治理结构，提升公司绩效。张驰（2013）认为，机构投资者持股有利于遏制高管权利，完善上市公司治理结构，提升公司绩效。孙红梅等（2015）实证研究发现，机构投资者持股有利于提升高管薪酬水平，进而提升公司绩效。沈乐平等（2016）通过构建结构方程模型研究机构投资者持股与公司绩效的关系，结果表明两者之间显著正相关。

2.2.3.2 负面监督假说

负面监督假说认为，机构投资者奉行短期的财务投资理念，参与公司治理的积极性较弱，并且由于利益冲突或战略同盟反而会降低公司绩效。例如，Webb等（2003）研究认为，机构投资者持股不但不能促进公司绩效的提升，反而会对公司绩效产生不利影响。Romano（1993）认为，机构投资者关注公司治理是出于政治目的或者社会责任目标，而不是基于股东价值最大化的目的，因此机构投资者持股降低了上市公司的财务绩效。Parrino 等（2003）研究发现，机构投资者参与公司治理的积极性较低，为了获取短期收益甚至会损害公司长期绩效。

负面监督假说包括利益冲突假说和战略同盟假说。其中，利益冲突假说认为，机构投资者本身就是一个企业实体，存在委托代理问题，与被投资公司之间存在盈利性的业务关系，必然会与其在业务利益分成上产生矛盾；而战略同盟假说则认为，机构投资者与被投资公司的经理层之间可能存在互利关系，促使双方进行合作，通过损害其他股东的利益而获得投资收益。综上所述，利益冲突假说和战略同盟假说都认为机构投资者持股会降低公司绩效（Romano，2000；Zanglein，1992）。Woidtke（2002）认为，由于机构投资者与企业中小股东的目标不同，不能有效监督经理层行为，从而损害公司绩效。Wohlstetter（1993）研究发现，机构投资者不具备公司经营管理的知识和经验，因此参与公司治理的积极性较低，不利于公司绩效的提升。蔡明生和田东文（2002）、常巍和贝政新（2002）研究认为，我国机构投资者参与公司治理的动力和能力较弱，扮演着消极股东角色，因此会对公司绩效产生不利影响。傅勇和谭松涛（2008）实证研究表明，机构投资者不具有参与公司治理的动力，对公司治理结构的影响作用较弱，甚至会对公司绩效产生负面影响。宋建波等（2012）以 2003 ~ 2009 年我国沪深两市 A 股上市公司为样本的实证研究表明，机构持股会损害公司绩效。

#### 2.2.3.3 无效监督假说

无效监督假说认为，机构投资者持股不会对公司绩效产生显著影响。例如，Admati 等（1994）研究发现，机构投资者参与公司治理的动力和能力较弱，因此不会对公司绩效产生显著影响。Wahal（1996）研究表明，机构持股对公司绩效的影响作用不显著。Faccio 和 Lasfer（2000）用会计利润和市场回报来测度公司绩效，研究发现，机构持股与公司绩效的相关关系不显著。Short 等（2002）认为，由于机构投资者的异质性，使得机构持股与公司绩效之间的相关关系不显著。国内学者续芹和叶陈刚（2009）根据我国 A 股上市公司 2003 ~ 2005 年的数据，对机构持股与公司绩效的关系进行了研究，结果发现，机构持股对公司绩效只具有微弱的促进作用，还不具有明显的促进作用。张敏等（2011）实证研究发现，机构投资者不会积极参与公司治理，因此对公司绩效的影响作用不显著。

### 2.2.4 文献述评

由国内外文献综述可以看出，学者们从不同角度对机构持股与公司绩效的关系进行了研究，取得了丰富的研究成果，但是现有研究存在以下四个方面的问题：

第一，现有研究主要是以发达的资本主义国家为背景，而以“新兴+转轨”经济体为背景的研究较少。然而，这两类国家在公司治理方面存在的主要问题不同，发达资本主义国家主要存在“第一类代理问题”，即控股股东与经理层之间的委托代理关系，而我国则主要存在“第二类代理问题”，即控股股东对中小股东利益的掠夺。

第二，与国外学者的研究相比，国内学者的相关研究起步较晚，现有研究主要集中在机构持股对公司绩效的直接影响方面，而对机构持股对公司绩效的间接影响以及机构持股与公司治理结构的交互作用对公司绩效的影响等方面的研究却较少。

第三，未考虑机构投资者的类型，由于不同类型机构投资者的投资动机不同，参与公司治理的动力和能力就不同，因此对公司绩效的影响也不同，但学者们的研究并未区分机构投资者的类型，而是将其作为一个整体，大大限制了研究的解释力度。

第四，机构投资者是介于公司内部股东与外部中小股东之间的第三方力量，能否凭借其信息优势和人才优势等对被投资公司实施有效监督，提高公司绩效，主要取决于机构投资者的类型以及投资目的（长期的价值投资还是短期的价格投资），但学者们的现有研究并没有对此进行具体分类。

## 2.3 境外机构投资者持股与公司绩效的研究综述

QFII 制度是一国在资本市场尚未完全开放的情况下，渐进地引进外资、开放本国资本市场的一种过渡性制度。对于资本自由化程度较高的国家或地区，例如，美国、英国、法国、德国、日本、中国香港等，对境外投资者没有特别的限制和约束，因此，不存在所谓的境外机构投资者制度。韩国、印度、巴西以及我国台湾等市场经验表明，在货币尚未自由兑换时，境外机构投资者制度是一种通过资本市场稳健引进外资的方式。韩国和我国台湾等地的经验表明，引入境外机构投资者能够使投机行为有所减少，而重视上市公司分红、关注企业长远发展的价值投资理念开始盛行。因此，境外机构投资者参与上市公司治理，有利于借鉴国外成熟的投资理念，完善公司治理结构，提升公司绩效。截至2016年12月28日，进入我国的境外机构投资者共计278家，累计审批额度为873.09亿美元。由于境外机构投资者进入我国的时间较短，只有十余年时间，因此相关研究成果也较少。学者们的现有研究主要集中在境外机构投资者制度问题、QFII持股对证券市场波动性的影响，以及QFII持股对公司治理和公司绩效的影响等四个方面。

### 2.3.1 境外机构投资者制度问题

由于境外机构投资者制度是一国在资本市场尚未完全开放的情况下，有限度地引进外资、开放本国资本市场的一种过渡性制度。因此，发达资本主义国家并不存在QFII制度，学者们对QFII的研究主要集中在发展中国家以及新兴市场经济国家。例如，Fisher和Mussa（2000）认为，新兴经济体国家应该通过引入境外机构投资者制度，逐步开放本国资本市场。Bekaert和Harvey（2001）研究表明，QFII制度有利于提高资本市场的开放程度，提高经济增长水平。Lu（2003）对我国台湾地区引入QFII制度进行分析后认为，降低境外机构投资者的准入门槛，能够吸引更多境外机构投资者的进入，从而促进我国台湾地区资本市场的开放程度。高翔（2001）通过对巴西和我国台湾地区的QFII制度进行分析和总结，为我国引入境外机构投资者提供了借鉴。潘恒和管华雨（2003）从QFII的资格限制、投资额度限制和投资比例限制等方面进行对比，分析了我国的QFII制度，并认为境外机构投资者是我国开放资本市场的必然选择。

### 2.3.2 境外机构投资者持股与证券市场波动性

随着境外机构投资者的进入，国内外学者对QFII持股与证券市场波动性的关系进行了大量研究，主要存在以下三种观点：

第一种观点认为，QFII 持股容易产生“羊群效应”，加剧证券市场的波动性。例如，Choe 等（1998）以韩国的 QFII 为对象进行研究发现，境外机构投资者的投资行为具有明显的“羊群效应”，会对资本市场的稳定性产生显著影响。Christie 和 Huang（1995）实证研究认为，QFII 持股会影响上市公司的股票价值。李学峰等（2008）、汤敏和薛彤（2014）、成天笑等（2014）对我国证券市场中的境外机构投资者进行实证研究，结果表明，境外机构投资者具有显著的“羊群效应”，会加剧我国证券市场的波动性。

第二种观点认为，QFII 持股与证券市场波动性呈显著负相关关系，即 QFII 持股有助于稳定证券市场。例如，Michael 和 Martin（2010）实证研究认为，QFII 的进入有助于中国证券市场的稳定。王之剑（2008）对我国 A 股市场中的 QFII 进行实证研究发现，进入我国的 QFII 在一定程度上具有稳定证券市场的作用。饶育蕾等（2013）对进入我国市场的 QFII 进行研究认为，QFII 具有稳定证券市场的作用。万红和吕德宏（2014）研究表明，QFII 的进入有助于抑制我国证券市场的波动性。

第三种观点认为，QFII 持股与证券市场波动性之间的相关关系不显著。例如，王麟乐等（2011）实证研究表明，境外机构投资者并不会对我国证券市场的波动性起到显著的影响作用。沈小炜和蓝发钦（2007）对我国 A 股市场中的 QFII 进行实证研究认为，QFII 持股与证券市场波动性之间没有显著的相关关系。

### 2.3.3 境外机构投资者持股与公司治理结构

目前关于 QFII 持股与公司治理结构的相关研究文献较少，仅有的几篇文献均认为，QFII 持股有利于完善公司治理结构，提升公司绩效。例如，Aggarwal 等（2011）研究发现，QFII 具有参与公司治理的动力和能力，并且会提升公司绩效。蔡则祥和王家华（2003）认为，QFII 能够以各种方式参与公司治理，减少大股东对中小股东的掠夺行为，完善公司治理结构。李纪明和方芳（2005）认为，QFII 持股能够提高经理层的激励水平和信息披露水平，促进我国上市公司股权结构的完善，进而完善公司治理结构。吴卫华等（2011）实证研究认为，QFII 持股有利于完善上市公司治理结构。陈世剑和王娜（2007）、邱丽燕（2014）、高雷和张杰（2008）、林雨晨等（2015）研究发现，QFII 持股比例越高，公司治理结构就越完善。

### 2.3.4 境外机构投资者持股与公司绩效

大部分学者研究表明，QFII 奉行长期的价值投资理念，往往通过“用手投票”参与公司治理，提升公司绩效，即 QFII 持股与公司绩效显著正相关。但是，也有部分学者认为，由于 QFII 持股比例较低并且持股周期较短，主要从事短期投机行为，因此参与公司治理的积极性较低，对公司绩效的影响作用也不显著。目前，关于 QFII 持股与公司绩效关系的研究成果如下：

第一种观点认为，QFII 持股与公司绩效呈正相关关系。例如，Aggarwal 等（2011）对 23 个国家 2003～2008 年的数据进行实证研究，结果表明，QFII 持股比例与公司治理绩效显著正相关。Ferreira 和 Matos（2008）实证研究发现，QFII 持股比例越高，公司绩效就越好，二者之间显著正相关。Lin 和 Chen（2013）以中国台湾三个不同行业的上市公司为研究对象，实证研究 QFII 持股比例最高的 10 家公司和持股比例最低的 10 家公司，结果表明，QFII 持股比例较高的公司绩效显著优于 QFII 持股比例较低的公司绩效，即 QFII 持股比例与公司绩效显著正相关。Ramaswamy 和 Li（2001）实证研究表明，QFII 持股能够降低“逆向选择”和“道德风险”，提高公司绩效。Shuili 和 Xiaoyan（2017）以我国沪深 A 股上市公司为样本进行实证研究表明，QFII 持股比例和持股制衡度越高，上市公司净资产收益率和总资产周转率就越高，即 QFII 持股与公司绩效显著正相关。叶丹（2009）对 QFII 持股与上市公司绩效的关系进行实证研究表明，QFII 持股比例与公司绩效显著正相关。常虹（2011）实证研究表明，境外机构投资者有动力和能力参与公司治理，完善公司治理结构，提升公司绩效。王雄等（2013）对 2009～2011年我国 A 股市场中有 QFII 持股公司的数据进行实证分析，结果表明，QFII 持股与上市公司绩效显著正相关。丁楠和李文涛（2015）实证研究表明，QFII 持股比例越高，参与公司治理的动力和能力就越强，公司治理绩效就越好。

第二种观点认为，QFII 持股与公司绩效之间的相关关系不显著。例如，蔡宁等（2009）以我国上市公司为对象进行实证研究，结果表明，QFII 持股比例对企业社会绩效的影响作用不显著。刘星和吴先聪（2011）实证研究了不同类型的机构投资者持股与公司绩效之间的关系，结果表明，机构投资者中的 QFII 持股不会对公司绩效产生显著影响。

### 2.3.5 文献述评

综观国内外有关 QFII 持股的相关研究，学者们对 QFII 制度问题和 QFII 持股与我国证券市场波动性之间关系的研究成果较多，研究比较深入和成熟。但是，关于 QFII 持股与上市公司治理结构和公司绩效关系的研究成果却相对较少，仅有的少量文献也只是分别研究 QFII 持股与公司治理结构和公司绩效之间的关系，而将 QFII 持股、公司治理结构和公司经营绩效三者结合起来进行研究的非常少。也就是说，目前关于 QFII 持股对公司经营绩效的间接影响研究较少，即关于 QFII 持股是否会通过影响公司治理结构进而对公司经营绩效产生影响的研究更为匮乏。并且，现有关于 QFII 的研究，主要集中在 QFII 持股比例与公司治理结构和公司绩效之间的关系，而忽略了 QFII 持股高低与公司治理结构和公司绩效之间的关系、QFII 持股对其他股东的制衡作用与公司治理结构和公司绩效的关系，以及 QFII 持股与公司治理结构的交互作用对公司经营绩效的影响等。由于 QFII 持股高低和持股制衡度不同，奉行的投资理念会有所差异，对公司治理结构和公司经营绩效的影响作用就会不同，因此应该分别展开论述。并且，在研究 QFII 持股对公司绩效的影响中，大多数学者只是选用某一个或某几个财务指标测度公司绩效，而没有采用综合的公司经营绩效测度指标体系进行论证，使研究结论缺乏全面性和可信性。

综上所述，为了更加全面深入地研究 QFII 持股对公司经营绩效的影响，借鉴现有研究成果，将 QFII 持股比例划分为两个区间段：QFII 持股比例低于 5% 和 QFII 持股比例介于 5%~30%，分别研究 QFII 持股高低和持股制衡度对公司经营绩效的直接影响，董事会治理结构和监事会治理结构在 QFII 持股比例与公司经营绩效之间的中介作用，以及 QFII 持股比例与董事会治理结构和监事会治理结构的交互作用对公司经营绩效的影响等。同时，用 QFII 持股比例与上市公司第一大股东持股比例的比值测度 QFII 持股制衡度，分析 QFII 持股制衡度对公司经营绩效的影响。并且，根据“国资委绩效衡量指标”以及上市公司自身特点等，从五个维度全面测度上市公司经营绩效，深入分析 QFII 持股对上市公司经营绩效的影响。

## 2.4 本章小结

机构投资者的异质性是本书研究的基础，通过对机构投资者进行分类明确本书的研究对象，即境外机构投资者。QFII 持股结构和公司经营绩效是研究中涉及的两个重要变量，董事会治理结构和监事会治理结构是研究中涉及的两个中介变量。为了研究 QFII 持股对公司经营绩效的影响，需要厘清学术界对于 QFII 持股比例、QFII 持股制衡度、董事会治理结构和监事会治理结构以及公司经营绩效等方面的研究内容和研究基础。

本章具体的结构如下：

首先，对公司治理与公司绩效的相关文献进行了探讨，为本书所要研究的中介变量，即董事会治理结构和监事会治理结构奠定了坚实的基础。明确了公司治理结构的概念以及董事会治理结构和监事会治理结构的测度指标等，明确了 QFII 持股对公司治理结构影响的重要性，能够弥补目前关于 QFII 持股研究中的缺陷，为分析 QFII 持股对公司经营绩效的影响提供了一个崭新的视角。同时，从契约理论和企业能力理论等角度对公司经营绩效实现的理论进行了综述，为后文研究假设的构建提供了理论基础和理论依据。

其次，对机构投资者参与公司治理的方式、途径和效果、机构持股与公司绩效的关系等内容进行了综述。通过对相关文献资料进行整理和综述，找到了本书研究的突破口和研究思路，并且为后续的理论研究和实证研究奠定了基础。

最后，从 QFII 制度问题、QFII 持股对证券市场波动性的影响以及 QFII 持股对公司治理结构和公司绩效的影响等方面，对 QFII 持股的国内外相关文献进行了综述，找到了本书研究的切入点。即 QFII 持股高低和持股制衡度对公司经营绩效的直接影响和间接影响，以及 QFII 持股比例与董事会治理结构和监事会治理结构的交互作用对公司经营绩效的影响。

# 3　理论研究与假设构建

围绕所要研究的问题，在对国内外相关文献研究的基础上，首先，根据公司治理理论以及企业能力理论等，对 QFII 持股与公司经营绩效、QFII 持股与公司治理结构，以及公司治理结构和公司经营绩效的关系进行理论研究，并且根据理论研究提出本书的概念模型。其次，根据本书的概念模型，以及公司治理理论、委托代理理论和公司绩效理论等相关理论研究，具体分析各变量之间的关系，依据理论研究构建相应的研究假设。最后，将构建的理论假设与研究问题相对应，为后续章节的实证研究做好铺垫。

## 3.1　理论研究

### 3.1.1　境外机构投资者持股与公司经营绩效

Brickley 等（1988）根据机构投资者与被投资公司之间是否存在商业联系，将机构投资者分为压力敏感型和压力抵制型两种。境外机构投资者与被投资公司之间一般没有商业联系，彼此之间不存在利益冲突，属于压力抵制型机构投资者，因此参与公司治理的积极性较高，并且能够保持相对的独立性和客观性，积极监督经理层行为，完善公司治理结构，提升公司经营绩效。在对 QFII 持股影响公司经营绩效的研究过程中，一个重要的问题是境外机构投资者通过什么样的途径对公司经营绩效产生影响？本书主要从公司治理结构出发，研究董事会治理结构和监事会治理结构是否为 QFII 持股影响公司经营绩效的中介作用，以及 QFII 持股与董事会治理结构和监事会治理结构的交互作用是否会对公司经营绩效产生显著影响。

关于 QFII 持股是否能够提升公司经营绩效，现有研究存在以下两种不同的观点。一种观点认为，由于监督经理层的成本较高，控股股东对经理层的监督成本往往高于其收益，因此控股股东监督经理层的积极性较弱。而境外机构投资者由于拥有技术和信息等优势，能够从监督经理层中获得足够的收益，因此会积极监督经理层行为，提升公司经营绩效。另一种观点则认为，由于 QFII 持股比例普遍偏低，他们往往进行短期的财务投资，而不是长期的价值投资，没有足够的动力和能力监督经理层。并且，境外机构投资者为了获得较高的投资收益，往往选择治理结构完善和公司绩效较好的公司进行投资，因此 QFII 持股不会显著影响公司经营绩效。然而，随着 QFII 持股比例的增加，是否有动力和能力参与公司治理，完善公司治理结构，提升公司经营绩效，该问题有待学者们的进一步研究。

成本收益理论认为，只有当成本小于收益时，投资者才有动力进行投资。在市场经济条件下，任何企业的投资行为都要考虑其投入和产出之间的关系。境外机构投资者作为机构投资者中的一种，具有机构投资者的一般特性，只有当投资收益大于投资成本时才会有动力进行投资。效率监督理论认为，与个人投资者相比，境外机构投资者往往拥有更多的投资管理经验和投资背景知识，投资理念更为成熟，对公司的投资决策和发展战略能够做出更为准确的判断，并且能够充分利用其信息优势和规模经济优势等以较低的成本参与上市公司治理，获得较高的投资收益。关于 QFII 持股对公司经营绩效的影响主要体现在以下两个方面：一方面，境外机构投资者作为境外投资机构，拥有高素质的专业投资队伍，内部管理体制也较为健全和规范，并且由于其投资额度较大，使境外机构投资者在进行投资决策时会更有动力和能力去深入分析被投资公司的投资价值，从而做出较为理性的投资决策；另一方面，由于我国相关管理部门对进入我国的境外机构投资者的资质要进行严格审查，符合政府相关部门制定的标准的境外机构投资者才可以进入我国，从而保证了我国境外机构投资者资质的正规性。那么，境外机构投资者为了保证其投资收益，会加大对上市公司的监督力度，从而对上市公司造成一定的压力，促使其不断改进和完善自身治理结构，提升公司经营绩效。

股权分置使一部分股份可以上市流通，而另一部分股份则不能上市流通，违背了“同股同权、同股同利”的基本原则，导致流通股股东和非流通股股东利益不一致，进而产生了一系列公司治理问题，例如，“一股独大”“内部人控制”和独立董事“不独立”等。2005 年 4 月 29 日，中国股权分置改革正式启动。股权分置改革使流通股股东和非流通股股东的利益趋于一致，使上市公司的股权结构发生了根本性转变，从而对公司治理结构和公司经营绩效均产生了重要影响。例如，冯根福和温军（2008）实证研究表明，股权分置改革显著提高了我国上市公司的经营绩效。杜沔等（2015）实证研究发现，股权分置改革使股权集中度和经理层持股比例发生了变化，最终对公司经营绩效产生了影响。

20 世纪 30 年代，美国学者研究发现将企业的所有权和经营权相分离可以有效解决企业在经营管理过程中存在的问题。但所有权和经营权的分离会导致委托代理问题的出现，为了使代理人的目标与委托人的目标趋向一致，降低代理成本，需要在所有者与经营者之间建立一种制衡与约束机制。Jensen 和 Meckling（1976）认为，公司治理主要是解决所有权与经营权分离情况下所产生的委托代理问题。公司治理的核心问题是研究在两权分离的背景下，如何使经理层能够按照股东意愿行为。公司治理的目标就是使经理层能够最大化股东利益和公司利益，降低委托代理成本。长期以来，学者们认为公司治理结构会影响公司经营绩效。在所有权与经营权相分离的背景下，不可避免地存在委托代理问题，即代理人利用委托人的授权，最大化自身效用或者损害委托人的利益，进而损害公司利益。为了解决委托代理问题，提高公司经营绩效，需要合理地分配企业的经营权和所有权、合理地安排企业的控制机制和监督机制，通过完善公司治理结构，防止“第一类代理问题”（股东与经理层之间的代理问题）和“第二类代理问题”（大股东与中小股东之间的代理问题）的产生。由此可见，公司治理结构是现代企业的核心，与公司经营绩效之间存在内在联系，公司治理结构会显著影响公司经营绩效。上市公司是否拥有完善的治理结构直接决定着其经营绩效的高低，即完善的公司治理结构有利于提高公司经营绩效。因此，优化和完善公司治理结构已经成为提高上市公司经营绩效的关键措施。Black（2001）研究认为，公司治理结构完善的上市公司，其经营绩效显著优于公司治理结构较差的上市公司。Perrini 等（2008）、Grove 等（2011）也通过实证研究表明，较好的公司治理结构将会产生较高的公司经营绩效。

Berle 和 Means（1933）认为，企业所有权与控制权的分离使所有者和经营者之间存在利益冲突，从而损害公司经营绩效，而机构投资者持股有利于监督经理层行为，提升公司经营绩效。在所有权和经营权相分离的背景下，由于不完全契约理论的存在，股东无法对经理层进行有效监督，经理层为了维护自身利益有可能会发生损害股东利益和公司利益的行为，于是就产生了委托代理成本。Black（1997）认为，境外机构投资者具有参与公司治理的知识和经验，有利于降低监督成本。当监督成本小于监督收益时，境外机构投资者就具有监督的积极性，为了获得较高的投资收益会积极参与公司治理，监督经理层行动。因此，境外机构投资者作为一种外部治理机制，能够影响上市公司的董事会治理结构和监事会治理结构，从而影响公司经营绩效。另外，境外机构投资者拥有丰富的专业知识、人才优势和信息优势等，随着其持股比例的提高，会积极监督经理层行为，提升公司价值。同时，为了获得较高的投资收益，境外机构投资者会完善公司治理结构，提升公司绩效。

QFII 持股对上市公司经营绩效产生影响，这种影响可能是由于境外机构投资者本身作为一种外部治理机制对公司经营绩效产生了影响，也可能是由于境外机构投资者通过某一种公司治理结构对公司经营绩效产生了影响，即某一种公司治理结构充当了 QFII 持股与公司经营绩效之间的中介作用。同时，境外机构投资者本身作为一种外部治理机制，可能与公司治理结构之间存在相互促进或者相互替代的效应。也就是说，QFII 持股与公司治理结构之间可能存在交互作用，并且会影响公司经营绩效。由文献综述可知，公司治理结构主要包括股权结构、董事会治理结构、监事会治理结构和经理层治理结构四个方面。并且，学者们研究认为，机构投资者持股主要影响公司的董事会治理结构和监事会治理结构，而对股权结构和经理层治理结构的影响作用较弱。那么，境外机构投资者作为机构投资者中的一种，主要是影响上市公司的董事会治理结构和监事会治理结构。其中，董事会治理结构主要包括董事会规模、董事会年度会议次数、董事会两权分离度、董事长和总经理两职设置、独立董事比例、高管持股比例和“四委”设立个数；监事会治理结构主要包括监事会规模和监事会年度会议次数。

综上所述，QFII 持股会通过影响上市公司的董事会治理结构和监事会治理结构，进而影响公司经营绩效。因此，QFII 持股对公司经营绩效影响的具体路径，如图 3.1 所示。

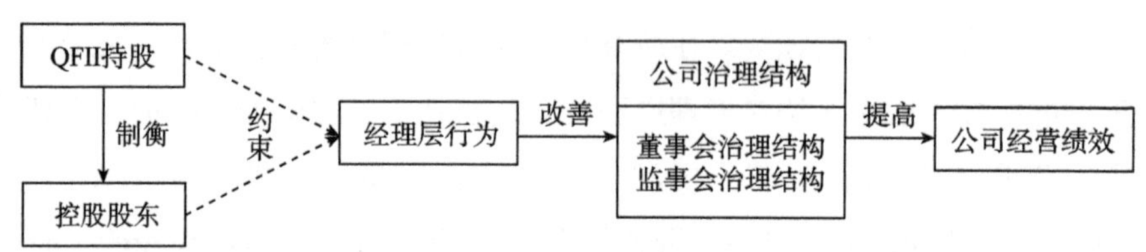


**图 3.1　QFII 持股对上市公司经营绩效的影响路径**

### 3.1.2　境外机构投资者持股与公司治理结构

境外机构投资者的进入可以说是境外投资者的投资风格和投资理念与境内投资者的投资风格和投资理念从并行到交流、从冲突到融合的过程。我国引入境外机构投资者的初衷就是通过其持有上市公司的股份，参与公司治理，利用其资金、技术、人才、管理和信息等优势改善我国上市公司治理结构，提高公司经营绩效。然而，我国上市公司主要是由国有企业改制而来，并且证券市场也处于发展初期，公司治理结构的健全和完善也刚刚起步，公司治理结构还存在如下六个突出的问题：

（1）股权结构不合理。在我国，大部分上市公司都是由国有资本控股或参股，因此“一股独大”现象已经成为阻碍我国完善公司治理结构的主要因素之一。在“一股独大”背景下，上市公司的委托代理关系发生扭曲，根据股数效应，大股东往往拥有经营管理的绝对控制权，而中小股东由于持股比例较低参与公司治理的积极性则较弱，同时，大股东会利用控制权侵害中小股东的权益和上市公司的利益。

（2）“内部人控制”问题突出。所有权与经营权相分离是现代公司制企业的基本特征之一，但是在信息不对称条件下，经理层为了最大化自身收益往往会损

害公司利益和股东利益。产生“内部人控制”问题主要是由于董事长与总经理“两职合一”造成的，董事长与总经理“两职合一”使董事会的决策缺乏客观性和公正性，影响董事会职能的有效发挥，损害股东利益和公司利益。

（3）独立董事“不独立”。为了加强董事会的独立性，上市公司应该引入独立董事制度。由于独立董事与公司的控股股东、经理层以及利益相关者等不存在重大利益关系，他们能够公正、客观地对公司经营管理进行决策，并且能够有效监督控股股东和经理层对中小股东和公司利益的侵害行为。

（4）监事会的监督作用有限。我国上市公司中的监事会成员主要由员工代表和股东代表组成，由于股东主要追求公司利益最大化，而员工则追求自身利益最大化，即这两个群体的利益存在冲突，从而使监事会的监督职能不能有效发挥。同时，由于我国上市公司的监事会成员受董事会和经理层的领导，不可能对其进行监督，导致监事会的监督作用无法正常发挥。另外，公司的股东代表、职工代表和党委委员等监事会成员一般不具有公司经营管理方面的知识和经验，导致我国上市公司中监事会的作用非常有限。

（5）经理层缺乏有效的激励约束机制。由于所有权与经营权的分离，使股东与经理层的利益往往不一致甚至相违背，因此，对经理层实施股权激励有利于实现经理层利益与股东利益和公司利益的统一，促使经理层努力工作，实现股东利益和自身利益的最大化，完善公司治理结构，提升公司经营绩效。但是，目前我国大部分上市公司对经理层的激励往往采用短期的薪酬激励，而缺少长期的股权激励，这就使经理层为了追求自身利益最大化而损害股东利益和其他利益相关者的利益。

（6）我国上市公司信息披露制度不健全。健全的信息披露制度有利于保护投资者的合法权益，完善公司治理结构。然而，目前我国大部分上市公司的信息披露制度不规范，存在信息披露不准确和不及时等，影响了信息披露的质量。因此，研究如何促进上市公司完善公司治理结构，提升公司经营绩效就显得尤为重要。

公司经营绩效是企业行为的最终结果，直观反映了由公司经营活动而带来的整体财务状况和经营成果。公司经营绩效评价是对公司经营业绩和运营效率等方面因素的综合评价。现代公司制企业的基本特征是所有权与经营权相分离，然而两权分离会导致代理问题，产生代理成本，而公司经营绩效评价是降低代理成本的有效工具。这主要基于以下三个方面的原因：第一，公司经营绩效评价能够反映经理层的工作状况，降低信息不对称的程度；第二，公司经营绩效评价可以传递组织战略目标与具体任务，引导经理层的行为与委托人的目标趋向一致；第三，公司绩效评价可以反映经理层的业绩，据此给予经理层恰当和准确的评价，并根据经理层所创造的绩效水平进行激励或奖惩，调动经理层工作的积极性和创造性，实现经理层目标与股东目标的一致性。由于信息的不对称，为了使代理人选择有利于委托人的行为，最大限度地降低代理成本，就必须建立以投入产出为核心的公司经营绩效评价体系，将代理人业绩与企业投入产出水平以及代理人个人努力程度紧密结合，实现委托人利益最大化。由上述分析可以看出，上市公司可以通过完善公司治理结构、降低委托代理成本等提高公司经营绩效。

随着 QFII 持股比例的提高，倾向于采取长期的价值投资理念，为了维护自身利益以及获得长期投资收益，能够通过持有上市公司的股票参与公司治理，进而影响公司治理结构和公司经营绩效。萨缪尔森认为，经济活动主体从事经济活动主要是追求利润最大化，即收益最大化而成本最小化。只有当投资收益大于投资成本时，经济主体才愿意从事某项经济活动。在上市公司治理中，股东作为自我经济利益追求的行为主体，是否积极参与公司治理，主要取决于治理成本与治理收益之间的关系。Black（2001）认为，股东持股比例越高，边际治理成本就越低，治理收益就越大，参与公司治理的积极性就越高，公司经营绩效就越好。因此，境外机构投资者持有上市公司的股票，是否愿意积极参与公司治理以及参与程度如何，主要取决于治理收益与治理成本之间的关系。

境外机构投资者参与公司治理的具体动因如下：

第一，上市公司为了体现“同股同权”的基本原则，必须遵循“一股一票”制度。世界上绝大多数国家都规定，上市公司必须实行“一股一票”制度，我国的上海证券交易所和深圳证券交易所，以及美国的纽约证券交易所和纳斯达克交易系统均将此原则作为公司上市的基本要求。在“一股一票”制度下，QFII 持股比例越高，与公司经营绩效的联系就越紧密，当公司经营管理出现问题时，很难以合适的价格在短期内抛售所持股票，因此会积极参与公司治理，完善公司治理结构，改善公司治理环境。

第二，我国《公司法》规定，股东出席股东大会，所持每一份股票享有一份表决权，即股东依据所持股份享有与其所持股份同等数额的表决权。因此，QFII 持股占公司总股本的比例越高，在股东大会上的表决权就越大，参与公司治理的积极性以及参与公司治理的程度就越高。

第三，韩国和我国台湾地区的经验表明，引入境外机构投资者使短期的投机行为有所减少，而重视上市公司分红以及关注企业长远发展的价值投资理念开始盛行，同时，引入境外机构投资者，有利于借鉴国外成熟的投资理念，完善公司治理结构，提高公司经营绩效。与境内机构投资者和个人投资者相比，境外机构投资者拥有丰富的投资管理经验（Shleifer & Vishny，1986），并且重视长期的价值投资，有能力和动力完善公司治理结构，提升公司经营绩效。

第四，上市公司需要披露大量信息，但由于部分上市公司的决策机制和运作体制仍然沿用旧的模式，造成控股股东信息披露不及时、不规范。还有部分上市公司控股股东的信息披露意识较弱，没有意识到自己在信息披露方面的责任和义务，缺乏主动、及时披露信息的意识，导致信息披露不完整、不及时。境外机构投资者能够凭借其资金优势和信息优势等以较低成本获取信息，使投资成本小于投资收益，因此，参与公司治理的积极性较高。由此可见，QFII 持股有利于完善公司治理结构，提高公司经营绩效。

### 3.1.3 公司治理结构与公司经营绩效

公司治理结构与公司经营绩效关系的研究一直是学术界和企业界关注的焦点，学者们都认为，完善的公司治理结构有助于提高公司经营绩效。本书主要研究董事会治理结构（董事会规模、董事会年度会议次数、董事会两权分离度、董事长和总经理两职设置、独立董事比例、高管持股比例和“四委”设立个数）和监事会治理结构（监事会规模和监事会年度会议次数）对上市公司经营绩效的影响。

#### 3.1.3.1 董事会治理结构与公司经营绩效

董事会治理结构是影响公司治理结构完善与否的关键要素之一，通过完善董事会治理结构有利于发挥董事会的职能，提高董事会的工作效率，最终提高公司经营绩效。因此，董事会治理效率的高低直接关系到公司经营绩效的高低。

董事会的主要职责是对公司经营管理等事项进行决策，而董事会规模则会影响董事会的决策效率，进而影响公司经营绩效。董事会规模对公司经营绩效的影响主要体现在两个方面：一方面，较大的董事会规模往往拥有更多的专业知识和丰富的管理经验，能够降低决策风险，提高公司经营绩效；另一方面，较大的董事会规模会降低沟通效率，增加沟通成本，不利于公司经营绩效的提高。资源依赖理论认为，当公司处于不断变化的外部环境时，较小的董事会规模有利于提高决策效率，适应环境的变化，进而提高公司经营绩效。

董事会运行情况通常用董事会年度会议次数来反映。虽然有学者认为，在公司正常运营过程中，董事会只是履行一般职责，并不会决策公司重大事项，因此，董事会年度会议次数不会对公司经营绩效产生显著影响。但是，一般来说，董事会年度会议次数越多，表明董事会对公司经营管理付出的时间和精力就越多，董事会治理的效率就应该越好，公司经营绩效就应该越高。

两权分离度是指公司所有权与控制权相分离的程度，反映了大股东的现金流权与表决权的分离程度。两权分离度与公司绩效关系的研究始于 1999 年，认为公司终极控股股东拥有的所有权和控制权都会对公司经营绩效产生影响。学者们关于两权分离度与公司绩效关系的研究持有以下两种观点。一种观点认为，两权分离度与公司绩效显著正相关。例如，Barontini 和 Caprio（2006）、牛建波和李胜楠（2007）研究认为，两权分离度越大，召开董事会会议的次数就越多，公司绩效就越好。另一种观点则认为，两权分离度与公司绩效显著负相关。例如，Claessens 等（2002）实证研究表明，两权分离度越大，控股股东对其他中小股东利益的掠夺度就越大，对公司绩效的损害程度也就越大，二者之间呈负相关关系。张耀伟（2011）实证研究认为，所有权与控制权的分离度越大，公司经营绩效越差。马磊和徐向艺（2010）引用灰色关联理论，以我国民营上市公司为研究对象进行实证研究，结果表明，两权分离度与公司绩效之间具有显著的负相关关系。本书认为，所有权和控制权的分离程度越大，控股股东越容易以较少的现金流权来控制上市公司，并以较低的成本获得较高的私有收益，从而加大对其他股东利益的掠夺，损害公司价值。由此可见，两权分离度越大，控股股东对公司利益的损害程度越大，公司经营绩效越差，二者之间具有显著的负相关关系。

董事长与总经理两职兼任对公司经营绩效的影响存在两种不同的观点。一种观点认为，董事长与总经理两职兼任会使经理层更加努力地工作，提高公司经营绩效，从而使作为董事的自己获得更多的收益；另一种观点则认为，董事长与总经理两职兼任会使公司的所有权和经营权都集中在董事长一人手中，增加了决策的风险，影响公司经营绩效的提升。委托代理理论认为，由于人的有限理性使经理层不可能总是维护股东的利益，因此，董事长与总经理两职兼任会损害董事会的独立性，影响公司经营决策的客观性，同时，董事长与总经理两职兼任会降低董事会的决策效率，影响公司经营绩效。基于此，委托代理理论认为，董事长与总经理两职分离有利于提高公司经营绩效。然而，现代管理理论则认为，董事长与总经理两职兼任可以实现领导和指挥的统一性，提高经营管理效率，最终对公司经营绩效的提升起到促进作用。目前，大部分学者的研究都支持委托代理理论的观点，即认为董事长与总经理两职分离有利于促进公司经营绩效的提升。然而，Donaldson 和 Davis（1991）却支持现代管理理论。

现代公司制企业的所有权与经营权相分离，那么，如何保证经理层能够按照所有者的目标行为，减少代理风险、降低代理成本，成为现代公司治理中非常重要的问题。委托代理理论认为，要降低代理成本，就要提高经理层的效率，同时要防止“内部人控制”问题。然而，只有董事会具有相对的独立性和客观性才能有效监督经理层行为，提高经理层效率，而董事会的独立性和客观性与独立董事人数密切相关。由于独立董事与公司经理层之间没有重要的业务联系，在进行经营决策时具有相对的独立性和客观性，会对经理层进行积极有效的监督，保证经理层不会背离所有者的目标，促进委托方与代理方利益趋向一致，提高公司经营绩效。鉴于此，委托代理理论认为，提高独立董事比例有利于促进公司经营绩效的提升。

所有权与经营权的分离使企业的所有者并不直接参与公司经营管理，而是将经营管理权交于经理层。但由于信息的不对称性以及契约的不完备性，使股东无法客观、准确地评价经理层的付出与公司经营绩效之间的关系。鉴于此，股东应该采取一种有效的激励措施激励公司高管，充分调动高管工作的积极性，并促使高管的利益与股东利益趋向一致，从而维护股东利益和公司利益最大化，提升公司经营绩效。关于高管持股与公司经营绩效的关系，委托代理理论认为，高管持有公司股份，有利于使高管的利益与公司利益趋于一致，降低代理成本，提高公司经营绩效。学者们的研究结论也大都支持该观点，认为高管持有一定数量的公司股份，会使高管的利益与公司利益紧密相连，解决委托人和代理人之间的利益冲突，降低代理成本，提高公司经营绩效。

董事会下设的专门委员会是对董事会职能充分发挥的保障。为了保障董事会职能的充分发挥，我国《上市公司治理准则》规定，上市公司董事会可以设立战略委员会、审计委员会、提名委员会以及薪酬与考核委员会（以下简称“四委”）。牛建波和刘绪光（2008）以我国沪深两市上市公司的数据进行实证研究表明，董事会“四委”的设立与公司绩效正相关。董斌和张振（2015）通过实证研究认为，董事会“四委”设立的个数与公司经营绩效正相关。本书认为，由于董事会专门委员会中独立董事占比较多，他们会阻止大股东对中小股东利益的侵占。由此可见，“四委”设立个数越多，独立董事对上市公司的影响力就越强，从而有利于减少“内部人控制”现象，提高公司经营绩效。

3.1.3.2 监事会治理结构与公司经营绩效

监事会的主要职责是对董事会的行为和经理层的行为进行监督，防止董事会或者经理层发生损害公司利益以及其他股东利益的行为，保证公司经营决策的有效性，提高公司经营绩效。

监事会规模是监事会发挥其职能的重要保障。组织理论认为，如果监事会规模太小，则容易受到董事会的影响和制约；但是，如果监事会规模过大，则会加大监事会成员之间的沟通成本和协调成本，影响监事会职能的发挥，最终影响公司经营绩效的提升。另外，监事会行使其监督职能主要是通过监事会年度会议进行的，即监事会年度会议次数在一定程度上反映了监事会的监督力度。一般来说，监事会年度会议次数越多，表明监事会的监督力度越大，公司经营绩效越好。由此可见，监事会规模和监事会年度会议次数均会对公司经营绩效产生显著影响。

### 3.1.4 概念模型的构建

通过上述理论分析可以看出，QFII 持股会影响公司经营绩效；同时，QFII 持股也会影响董事会治理结构和监事会治理结构，而董事会治理结构和监事会治理结构又会对公司经营绩效产生影响，即 QFII 持股会通过董事会治理结构和监

事会治理结构对公司经营绩效产生影响。也就是说，董事会治理结构和监事会治理结构是 QFII 持股与公司经营绩效的中介作用。并且，QFII 持股与董事会治理结构和监事会治理结构的交互作用也会对公司经营绩效产生影响。鉴于此，可以得出如图 3.2 所示的 QFII 持股结构、公司治理结构和公司经营绩效之间关系的概念模型。

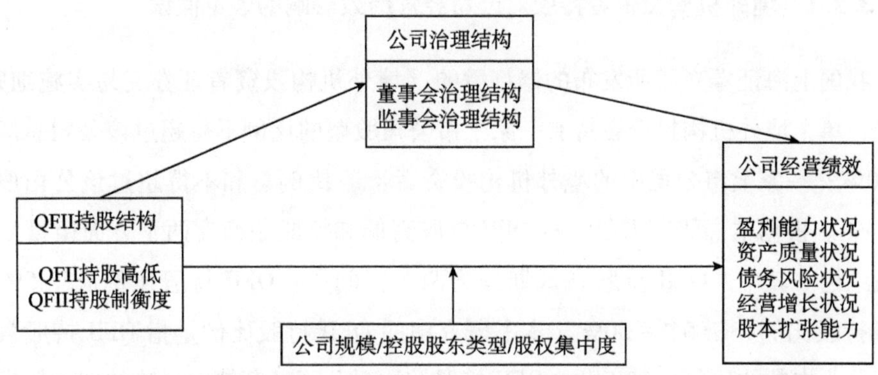


**图 3.2　QFII 持股结构、公司治理结构与公司经营绩效关系的概念模型**

根据上述理论研究可知，QFII 持股比例与董事会治理结构和监事会治理结构之间可能存在交互作用，这种交互作用会对公司经营绩效产生影响。为了更清晰地研究交互作用对公司经营绩效的影响，绘制出 QFII 持股比例与董事会治理结构和监事会治理结构的交互作用对公司经营绩效影响的详细概念模型，如图 3.3 所示。

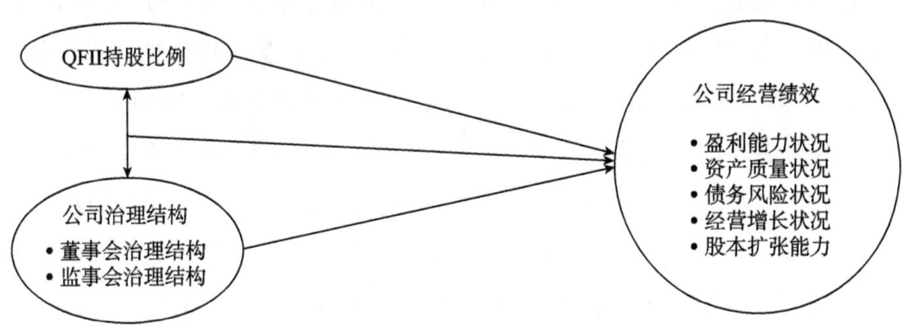


**图 3.3　QFII 持股比例与公司治理结构交互作用影响公司经营绩效的概念模型**

## 3.2 假设构建

### 3.2.1 境外机构投资者持股对公司经营绩效影响的理论假设

我国上海证券交易所发布的修订后的《境外机构投资者证券交易实施细则》规定：单个境外机构投资者持有一家上市公司股票的比例不得超过该公司总股份的10%；一家上市公司中的境外机构投资者持股比例总和不得超过该公司股份的30%。根据本书研究需要，从QFII持股高低和持股制衡度两个方面衡量QFII持股结构。其中，QFII持股高低划分为两个区间段：QFII持股比例低于5%和QFII持股比例介于5%~30%。本书研究中的QFII持股比例是指QFII持股数占公司总股本数的比例。基于此，QFII持股结构对公司经营绩效影响的理论假设将从QFII持股高低和QFII持股制衡度两个方面分别提出。

#### 3.2.1.1 QFII持股高低对公司经营绩效的影响

境外机构投资者是介于公司内部控股股东和公司外部中小股东之间的投资机构，比境内机构投资者和个人投资者具有更多的资金优势、信息优势和人才优势等。随着QFII持股比例的增加，境外机构持股是通过积极参与公司治理提升公司绩效，还是通过投资于公司经营绩效较好的上市公司以获取短期投资收益？学术界对此众说纷纭。Aggarwal等（2011）、王昶和焦妮娟（2009）等研究发现，境外机构投资者会积极参与公司治理提升公司绩效，扮演着价值创造者角色。但是，Tan（2009）、唐跃军和宋渊洋（2010）、李蕾和韩立岩（2013）等则认为，境外机构投资者参与公司治理的动力和能力较弱，扮演着价值发现者角色，不会对公司绩效产生显著影响。研究结论之所以存在分歧，关键在于学者们在对QFII持股与公司绩效的关系进行研究时，没有将QFII持股比例划分为不同的区间段分别进行研究。由于QFII持股与公司绩效之间可能会存在内生性影响，而QFII持股高低不同，其投资理念也不同，但现有研究并未区分是良好的公司绩效吸引了QFII持股，还是QFII持股促进了公司绩效的提升。基于此，本书在分析QFII

持股对公司经营绩效的影响时，将 QFII 持股比例划分为两个区间段：QFII 持股比例低于5%和 QFII 持股比例介于5%～30%。

当 QFII 持股比例低于5%时，境外机构投资者主要从事短期的财务投资，注重短期的获利，为了获得短期的投资收益，往往选择经营绩效较好的上市公司进行投资，而对企业的长期发展不太关心，扮演着“价值发现者”而不是“价值创造者”角色。由此可见，当 QFII 持股比例低于5%时，QFII 持股不会对上市公司经营绩效产生影响。

境外机构投资者的收益来源主要是资本利得收益和上市公司的分红，而公司经营绩效是影响上市公司股票价格的根本性因素。因此，境外机构投资者获得投资收益的根本因素取决于公司的经营绩效。吴晓晖和姜彦福（2006）认为，机构投资者会影响公司治理结构，改变经理层行为，影响公司绩效。本书认为，当 QFII 持股比例介于5%～30%，境外机构投资者秉承长期投资和价值投资理念，注重投资回报的持续性和稳定性。为了获得更多的投资收益，会积极参与公司治理，完善公司治理结构，提高公司经营绩效。同时，境外机构投资者规范的内部管理制度也会对上市公司治理起示范作用，完善公司治理结构，提高公司经营绩效。

Shleifer 和 Vishny（1997）研究表明，随着机构投资者持股比例的提高，他们已经由“用脚投票”来表达对公司的不满转向直接监督经理层行为，改善公司治理结构。QFII 持股比例越高，参与公司治理的动力和能力越大，会积极监督经理层行为，提升公司经营绩效。并且，QFII 持股比例越高，控制权越大，越能通过内部机制和外部机制对公司治理结构产生影响，改善“内部人控制”和“一股独大”现象（Aggarwal et al.，2011）。股数效应认为，QFII 持股比例越高，单位治理成本就越低，投资收益就越高，参与公司治理的积极性越高；相反，QFII 持股比例越低，单位治理成本就越高，参与公司治理的积极性越低，主要通过“隧道挖掘”方式获取投资收益，充当着“利益攫取者”角色。Hartzell 和 Starks（2003）、王雄等（2013）的研究结论支持股数效应，认为 QFII 持股比例越高，公司经营绩效越高。利益协同假说认为，QFII 持股比例越高，越有动力监督经理层行为，降低股东和经理层之间的代理成本，提高公司经营绩效。并且，QFII 持股比例越高，投资收益与公司经营绩效的联系越紧密，越倾向于选择积极参与公司治理，从而获得长期稳定的投资收益。尽管有些学者认为机构投资者是短期投资者（Graves，1988），其参与公司治理的积极性较低（Webb et al.，2003）。但是，大部分学者则认为，机构投资者会积极参与公司治理，完善公司治理结构，提高公司经营绩效，如 Tsai 和 Zheng（2007）、Bhattacharya 和 Graham（2009）等。马洪娟（2010）运用16个财务指标提取了5个因子，建立回归模型分析 QFII 持股比例与财务绩效的关系，结果发现，QFII 持股比例越高，公司的盈利能力就越强。王雄等（2013）研究表明，QFII 持股比例的提高有利于促进公司绩效的提升。

本书认为，随着 QFII 持股比例的提高，其主要从事长期的价值投资。并且，QFII 持股比例越高，投资收益与公司经营绩效的关系就越密切，为了获得长期稳定的投资收益，会积极参与公司治理，完善公司治理结构，提高公司经营绩效。另外，QFII 持股比例越高，退出成本就越大，倾向于选择“用手投票”提高公司经营绩效，获取较高的投资收益；QFII 持股比例越高，越能通过内部治理机制对公司治理结构产生影响，改善“内部人控制”和“一股独大”等现象，提高公司经营绩效。当 QFII 持股比例介于 5%~30%，由于其持股比例较高，参与公司治理的动力和能力都较高，因此会积极参与公司治理，完善公司治理结构，提升公司经营绩效，即 QFII 持股会对公司经营绩效产生显著正向影响。

基于上述关于 QFII 持股高低与公司经营绩效关系的理论推理和已有实证研究，本书认为，QFII 持股高低不同对公司经营绩效的影响不同。因此，提出如下研究假设：

H1a：QFII 持股比例低于 5%，QFII 持股不会对公司经营绩效产生影响。

H1b：QFII 持股比例介于 5%~30%，QFII 持股会对公司经营绩效产生显著正向影响。

#### 3.2.1.2 QFII 持股制衡度对公司经营绩效的影响

由于我国上市公司主要是由国有企业改制而来，国有股“一股独大”现象较为严重，使大股东与中小股东的利益不一致，甚至矛盾，从而导致股权制衡理论的出现。股权制衡作为一种新的治理机制受到了国内外学者的广泛关注。大部分学者认为，股权制衡度与公司经营绩效显著正相关。例如，Lehmann 和 Weigand（2001）研究表明，第二大股东的存在能够对第一大股东产生制衡作用，提高公司绩效。厉以宁（2006）认为，几个持股相对较多的大股东有利于完善公司治理结构，提高公司经营绩效。白重恩等（2005）也认为，股权制衡能够对控股股东形成监督与制衡作用，提高公司绩效。施东晖（2000）认为，大股东之间的权力制衡度越强，控股股东对中小股东的掠夺行为就越弱，公司经营绩效越好。徐文学和陆希希（2014）、雷令斌等（2012）研究发现，股权制衡度越高，公司绩效越好。陈德萍和陈永圣（2011）认为，股权制衡有助于改善公司治理结构，提高公司经营绩效。但是，徐丽萍等（2006）、安烨和钟廷勇（2011）则认为，股权制衡度越高，公司绩效就越低，二者之间呈负相关关系。朱雅琴（2010）研究表明，股权制衡度与公司绩效的相关关系不显著。本书认为，外部股东对公司内部控股股东的制衡度越高，越有动力和能力监督控股股东行为，减少控股股东对中小股东和公司利益的侵害，从而提高公司经营绩效。我国上市公司大多是由国有企业改制而成，公司第一大股东往往拥有管理和决策的实际控制权，引发了“内部人控制”等公司治理问题，因此需要公司其他股东对大股东进行有效制衡，形成相互监督机制，减少大股东利用控制权侵害中小股东的权益。

目前，我国上市公司呈现出股权过度集中和“一股独大”等特点，主要是由于股权结构缺乏有效的制衡机制，导致控股股东对中小股东的掠夺，损害公司治理结构和公司经营绩效。研究欧洲公司治理的部分学者也指出，控股股东的绝对控股行为会滋生过多的掠夺行为，影响公司治理结构和公司经营绩效。Boyd和Smith（1996）研究认为，机构投资者持股可以抑制大股东对中小股东的掠夺。姚颐和刘志远（2009）实证研究表明，机构投资者确实能够对大股东形成有效制衡。本书认为，境外机构投资者既不同于一般的中小股东，也不同于控股股东，是介于二者之间的一种特殊的公司治理力量。QFII 持股改变了上市公司股权过度集中的现象，形成了相互制衡的股权结构，降低了大股东对中小股东的利益掠夺，抑制了大股东的“掏空”行为，提升了公司经营绩效。

QFII 持股制衡度是衡量境外机构投资者参与公司治理的能力。本书的 QFII 持股制衡度是指 QFII 持股比例与公司第一大股东持股比例的比值。QFII 持股能够对大股东形成制衡，缓解上市公司股权过于集中的问题。境外机构投资者在韩国和我国台湾地区的发展经验表明，QFII 持股制衡了大股东的力量，改善了公司治理结构，提高了公司经营绩效（孙立和林丽，2006）。李雄（2012）通过对我国有 QFII 持股的制造业上市公司的实证研究表明，QFII 持股制衡度越大，越有利于完善公司治理结构，提高公司绩效。夏博（2013）实证研究认为，境外机构投资者对公司第一大股东的制衡度越大，就越有能力参与公司治理，提高公司绩效。本书认为，QFII 持股能够制衡大股东的力量，境外机构投资者对我国上市公司第一大股东的制衡度越大，控制权就越大，参与公司治理的能力就越强。并且，QFII 持股制衡度越高，越能减少大股东利用控制权谋取私利的机会，减少公司大股东对中小股东的掠夺，完善公司治理结构，提升公司经营绩效。

基于上述关于境外机构投资者对第一大股东的制衡度与公司经营绩效关系的理论推理和相关分析。本书认为，境外机构投资者对第一大股东的制衡有利于促进公司经营绩效的提升。因此，提出如下研究假设：

H1c：持股比例介于 5%～30% 的 QFII 持股制衡度会对公司经营绩效产生显著正向影响。

### 3.2.2 公司治理结构在境外机构投资者持股与公司经营绩效关系中的理论假设

根据我国《上市公司治理准则》，本书认为 QFII 持股会对董事会治理结构和监事会治理结构产生影响。其中，董事会治理结构包括董事会规模、董事会年度会议次数、董事会两权分离度、董事长与总经理两职设置、独立董事比例、高管持股比例和“四委”设立个数；监事会治理结构包括监事会规模和监事会年度会议次数。通过上面的分析可知，QFII 持股首先会对公司治理结构产生影响，进而影响公司经营绩效，即公司治理结构是 QFII 持股与公司经营绩效关系的中介变量。也就是说，当境外机构投资者持有上市公司的股票时，会通过介入公司治理对董事会治理结构和监事会治理结构产生影响，最终影响公司经营绩效。因此，探讨 QFII 持股如何影响董事会治理结构和监事会治理结构最终影响公司经营绩效这一问题就显得尤为重要。本书将分别论述董事会治理结构和监事治理结构的中介传导作用，并提出相应的理论假设。

#### 3.2.2.1 董事会治理结构在 QFII 持股比例与公司经营绩效关系中的中介作用

董事会治理结构是公司治理结构的核心。Brick 和 Chidambaran（2010）研究认为，董事会的有效监督能够降低公司经营管理的不确定性，提高公司经营绩效。Almazan 等（2011）研究认为，境外机构投资者非常重视上市公司的董事会治理状况。

董事会规模是影响董事会治理效率的关键因素之一。资源依赖理论认为，规模较大的董事会有助于企业获取重要资源，吸引更多具有不同专业、不同能力以及不同经验的董事，减少某个人或少数人控制董事会的概率。Walt 和 Ingley（2003）认为，董事会规模越大，对公司违规欺诈行为的监督力度就越大。然而，Jensen（1986）则认为，董事会规模越大，董事会的工作效率就越低。本书认为，董事会规模越小，董事会的决策效率越高，管理支出越少，但董事会规模太小则会影响公司经营决策的合理性；董事会规模越大，越能提高董事会的监管力度，提高公司经营管理水平，但董事会规模太大则会出现沟通困难，导致董事会成员之间相互推诿，形成“搭便车”现象，损害公司经营绩效。

董事会年度会议次数是反映董事会工作积极性的指标之一，目前关于董事会年度会议次数与公司绩效关系的研究结论如下：Conger 等（1998）、牛建波和李胜楠（2008）研究表明，董事会年度会议次数与公司绩效显著正相关；杨忠诚和王宗军（2008）则认为，董事会年度会议次数与公司绩效的相关关系不显著；Xie 等（2001）研究发现，董事会年度会议次数会对公司绩效产生抑制作用。本书认为，董事会年度会议次数越多，表明董事会工作的积极性越高，有利于董事会成员之间的沟通，当企业内部经营管理出现问题时，可以得到及时解决。因此，董事会年度会议次数的增加有利于改善公司经营管理状况，提升公司经营绩效。

由上述分析可以看出，由于董事会规模和董事会年度会议次数会影响董事会治理效率，进而影响公司经营绩效，因此，境外机构投资者十分关心董事会规模和董事会年度会议次数。

两权分离是指控制权与所有权的分离，控制权与所有权的分离会影响公司经营绩效。控制权与所有权的分离程度是委托代理问题加剧的一个重要因素，两权分离理论，即控制权与所有权分离理论是随着股份制公司的产生而产生的。贝利和米恩斯在 1932 年出版的《现代公司与私有财产》一书中，对美国 200 家大公司进行分析表明，现代公司已经发生了所有权与控制权的分离。钱德勒（2000）

认为，股权分散的加剧和管理的专业化使经理层掌握了企业的控制权，导致两权分离。Claessens 等（2002）研究表明，所有权与控制权的分离会导致控股股东对中小股东利益的侵占。叶勇等（2007）、张俊喜和张华（2004）研究表明，控股股东会利用自身的控制权优势侵占其他中小股东的利益，进而损害公司绩效。本书认为，两权分离度越大，即控股股东的控制权大于所有权，其在上市公司的剩余收益越小，参与公司治理的动力就越小，公司经营绩效越差。并且，由于控股股东具有较高控制权，为了追求自身利益最大化可能会损害其他中小股东的利益，同时，较大的控制权使控股股东产生了“隧道效应”，损害公司经营绩效。由此可见，由于所有权与控制权的分离会导致控股股东对其他股东利益的侵占，最终损害公司经营绩效，因此境外机构投资者十分关心董事会的两权分离程度。

董事长和总经理两职设置会影响公司治理结构，进而影响公司经营绩效。如果董事长和总经理两职分离，表明董事会具有相对较高的独立性；如果董事长和总经理两职合一，则表明董事会的独立性较低。董事长与总经理两职合一通常被看作是一种管理者防御行为，目的是巩固和加强经理层的地位。然而，委托代理理论和资源依赖理论则认为，由于董事长代表股东利益，而经理层代表经营者的利益，虽然董事长与总经理两职分离能够使企业所有权和经营权分离，形成委托代理关系，产生代理成本。但是，如果董事长与总经理两职合一，企业将所有权和经营权都集中在一个人手中，就形成了自己监督自己的现象，不能保证企业经营决策的有效性，最终会损害公司经营绩效；如果将经营权和所有权分开，就能够保证董事会决策的客观性和公正性，并且有利于董事长对经理层的经营行为进行监督，促使公司经营管理活动健康持续发展，降低代理成本。Jensen 在 1993 年美国财务协会上也建议企业将董事长与总经理两职分设，以增强董事会对经理层的监督与激励。梁彤缨（2004）实证研究表明，董事长与总经理两职合一容易造成企业内部监督机制的失效，会对企业经营决策造成重大影响，对公司绩效产生负面影响，而董事长与总经理两职分离则有利于提高董事会的监督力度，促进公司经营绩效的提升。由此可见，境外机构投资者十分关心董事长与总经理两职设置。

独立董事制度的建立是为了增强董事会的独立性，加强董事会对经理层的监督。委托代理理论认为，增加独立董事比例有利于上市公司实现监督和决策这两项基本职能，有利于提高公司绩效。资源依赖理论也从资源提供的角度支持了这一观点。国内外许多学者对此也持赞同的观点。例如，Dahya 等（2008）、吴清华和王平心（2007）实证研究表明，独立董事比例与公司经营绩效显著正相关。叶康涛等（2011）认为，独立董事制度有利于缓解上市公司的委托代理问题，提高公司绩效。我国证监会要求上市公司的独立董事人数应该占董事会总人数的1/3或以上，因为一定数量的独立董事有助于维护中小股东的权益，完善公司治理结构，提升公司经营绩效。但是，目前我国上市公司独立董事人数偏少，无法对企业经营管理决策的制定产生影响，不利于公司经营绩效的提升。本书认为，独立董事具有较强的独立性，能够独立地参与董事会事务，提出独立意见，从而保证董事会决策的客观性和合理性。并且，由于独立董事可以在董事会决策中做出重大贡献，对经理层的业绩做出客观、公正的评价。同时，当股东、经理层和企业在某些方面发生利益冲突时，独立董事可以发挥积极作用，提高公司经营绩效。由于独立董事制度会对公司经营绩效产生积极的影响，因此境外机构投资者会关注董事会中独立董事所占比重。

在所有权与经营权相分离的现代企业中，委托人和代理人之间会存在一系列矛盾，公司高管如果不持有一定比例的公司股份，就很难使自身利益与公司利益紧密联系在一起，从而产生代理成本。激励机制能够有效解决委托人和代理人之间存在的委托代理问题。恰当的激励方式和激励强度能够让经理层获得剩余索取权，促使股东利益与经理层利益紧密联系。随着上市公司对高管激励机制的发展，上市公司对高管采用股权激励是一种非常普遍的激励手段，让高管持有一定比例的公司股份，能够使高管的利益与公司利益和股东利益紧密联系在一起，通过企业价值最大化实现自身利益最大化，促使高管努力工作提高公司经营绩效。Mike 和 Fausto（2006）通过实证研究表明，高管持股比例越高，企业破产时所承担的风险就越大，也就是说，高管持股比例越高，高管自身利益与公司利益联系得就越紧密，有利于公司绩效的提升。我国部分学者也认为，为了使高管利益与公司利益紧密相连，必须让高管持有一定比例的公司股份。Morck 等（2000）通过实证研究表明，高管持有适当比例的公司股份有利于提升企业经营绩效。本书认为，高管持股比例越高，高管的利益与公司的利益就越一致，就越会努力改善公司治理结构，提高公司经营绩效。因此，境外机构投资者为了获得更高的投资收益，会关注并影响上市公司高管持股比例，以完善公司治理结构，提升公司经营绩效。

《上市公司治理准则》规定，上市公司董事会可以建立“四委”。董事会“四委”能够参与公司重大事项的决策并且监督经理层行为，提高董事会决策的科学性和有效性，发挥了较强的公司治理作用。由于“四委”所承担的是董事会授权以及董事会分内的事务，因此，“四委”合理的分工有利于提高董事会的工作效率，促进公司治理结构的完善和公司经营绩效的提升。由此可见，作为理性的投资机构，境外机构投资者会通过影响董事会“四委”的设立个数，完善公司治理结构，提升公司经营绩效，最终获得较高的投资收益。

综上所述，QFII 持股会影响董事会治理结构，进而影响公司经营绩效。基于上述分析，提出如下研究假设：

H2a：董事会规模是持股比例介于 5% ~ 30% 的 QFII 持股比例与公司经营绩效的中介作用。

H2b：董事会年度会议次数是持股比例介于 5% ~ 30% 的 QFII 持股比例与公司经营绩效的中介作用。

H2c：董事会两权分离度是持股比例介于 5% ~ 30% 的 QFII 持股比例与公司经营绩效的中介作用。

H2d：董事长与总经理两职设置是持股比例介于 5% ~ 30% 的 QFII 持股比例与公司经营绩效的中介作用。

H2e：独立董事比例是持股比例介于 5% ~ 30% 的 QFII 持股比例与公司经营绩效的中介作用。

H2f：高管持股比例是持股比例介于 5% ~ 30% 的 QFII 持股比例与公司经营绩效的中介作用。

H2g：董事会“四委”设立个数是持股比例介于 5% ~ 30% 的 QFII 持股比例与公司经营绩效的中介作用。

#### 3.2.2.2 监事会治理结构在 QFII 持股比例与公司经营绩效关系中的中介作用

自 1993 年我国颁布《公司法》以来，监事会便成为上市公司的常设机构，代表股东以及其他利益相关者对董事会和经理层的日常经营管理活动进行监督，维护公司及股东的合法权益。

监事会要履行监督职能必须具备一定的规模。组织理论认为，监事会规模太小，容易受到董事会的影响，监督职能难以有效发挥；监事会规模太大，则会造成监事会成员之间的沟通和协调困难，也会影响监督职能的有效发挥。何卫东（2003）研究表明，监事会规模与上市公司信息披露质量显著正相关。本书认为，监事会规模越大，越有利于监事会获得更多的知识和经验，能够代表更多出资人的利益对公司经营管理进行有效的监督。同时，监事会规模决定了监事会监督成本与监督收益之间的关系，合理的监事会规模能够使监事会以较低的监督成本获得较高的监督收益，提升公司经营绩效。

为了履行监事会的监督职能，监事会成员必须列席董事会会议，监事会对公司日常经营管理活动的监督都是通过监事会年度会议进行的。因此，监事会年度会议次数在一定程度上反映了监事会的监督力度。监事会年度会议次数越多，表明监事会的监督力度越大，公司经营绩效越好。

由上述分析可知，监事会规模和监事会年度会议次数会影响监事会监督职能的有效发挥，进而影响公司经营绩效。因此，境外机构投资者会关注监事会规模和监事会年度会议次数，通过影响监事会规模和监事会年度会议次数进而影响公司经营绩效。

综上所述，QFII 持股会影响监事会治理结构，进而影响公司经营绩效。基于上述分析，提出如下研究假设：

H2h：监事会规模是持股比例介于 5%～30% 的 QFII 持股比例与公司经营绩效的中介作用。

H2i：监事会年度会议次数是持股比例介于 5%～30% 的 QFII 持股比例与公司经营绩效的中介作用。

### 3.2.3 境外机构投资者持股与公司治理结构的交互作用对公司经营绩效影响的理论假设

Ferreira 和 Matos（2008）研究表明，机构投资者倾向于持有公司治理结构完善的上市公司的股票。邱丽燕（2014）实证研究表明，完善的股权结构有利于吸引境外机构投资者持股。本书认为，完善的公司治理结构有利于降低委托代理成本，提高公司经营绩效。境外机构投资者和境内机构投资者一样，其持股的主要目的都是获得投资收益，因此，它们都倾向于持有公司治理结构完善和公司经营绩效较好的上市公司的股票。同时，周泽将和余中华（2007）研究发现，QFII持股有利于完善公司治理结构。本书认为，随着 QFII 持股比例的增加，会积极参与公司治理，完善公司治理结构。根据上述分析可以看出，QFII 持股与公司治理结构之间的关系是：QFII 持股会影响公司董事会治理结构和监事会治理结构，同时，完善的董事会治理结构和监事会治理结构也有利于吸引优质的境外机构投资者持有该公司的股份。也就是说，境外机构投资者作为公司外部治理机制与董事会治理结构和监事会治理结构相互影响，相互作用，共同影响公司经营绩效。因此，本书将深入探讨 QFII 持股比例与董事会治理结构和监事会治理结构的交互作用对公司经营绩效的影响。

#### 3.2.3.1 QFII 持股比例与董事会治理结构的交互作用对公司经营绩效的影响

董事会治理结构作为公司治理结构的基础，直接关系到上市公司的治理水平和股东利益，是完善公司治理结构的关键。良好的董事会治理结构有利于提高董事会的工作效率和对经理层的监控能力，进而完善公司治理结构，提升公司经营绩效。因此，境外机构投资者作为理性的投资机构，为了获得更高的投资收益，往往会选择治理结构完善且经营绩效较好的上市公司进行投资，即高效、完善的董事会治理结构有利于吸引 QFII 持股。另外，随着境外机构投资者的进入，理性的价值投资理念正在逐渐形成，将从“消极股东”向“积极股东”转变，那些董事会治理效率低且不完善的上市公司将被市场驱逐出去。因此，QFII 持股有利于提高董事会工作效率并对经理层进行监督，完善公司治理结构，提升公司经营绩效。也就是说，QFII 持股有利于促进董事会治理结构的完善和公司经营绩效的提升。基于上述分析，QFII 持股与董事会治理结构相互影响、相互作用，并且会显著影响公司经营绩效。

董事会规模和董事会年度会议次数反映了董事会治理状况。由上述分析可知，董事会规模过大会降低董事会的决策效率，而董事会规模过小则会影响董事会决策的合理性，即董事会规模应该控制在某一合理范围之内；同样，董事会年度会议次数也应该控制在某一合理范围之内。一般情况下，境外机构投资者在进行投资决策时，为了获得较高的投资收益，往往会选择董事会治理结构较为完善的上市公司进行投资，即他们会关注上市公司的董事会规模和董事会年度会议次数等。Almazan 等（2011）研究表明，境内机构投资者重视上市公司的财务指标，而境外机构投资者则更加关注上市公司的治理结构，如董事会特征等。并且，境外机构投资者参与公司治理，也会对上市公司的董事会规模和董事会年度会议次数产生影响，使其控制在合理的范围之内。基于上述分析，QFII 持股比例与董事会规模和董事会年度会议次数相互影响、相互作用，并且会显著影响公司经营绩效。

委托代理理论认为，所有权与控制权相分离使股东利益与经理层利益不一致，甚至冲突，经理层为了追求自身利益最大化，会出现“逆向选择”和“道德风险”。其中，“逆向选择”是代理人利用信息的非对称性所进行的有损委托人利益的行为；“道德风险”是代理人利用契约的不完备性而采取的不利于委托人的行为。由此可见，所有权与控制权的分离程度越大，公司治理结构越不完善，越不利于吸引 QFII 持股，即董事会的两权分离度会对 QFII 持股比例产生影响。并且，为了获得较高的投资收益，境外机构投资者会积极参与公司治理并完善公司治理结构，即 QFII 持股会对董事会两权分离程度产生影响。基于上述分析，QFII 持股比例与董事会两权分离度相互影响、相互作用，并且会显著影响公司经营绩效。

董事长和总经理分别代表着不同的利益方：董事长代表委托方的利益，即股东的利益；总经理代表代理方的利益，即经理层的利益。由此可见，董事长和总经理承担着截然不同甚至相互冲突的职能。因此，如果将董事长和总经理两职合一，那么，为了维护自身利益最大化，总经理可能会向董事会隐瞒一些不利消息，而在“自己监督自己”的形势下，董事会对总经理的观点难以保持客观性和公正性，从而影响公司治理结构和公司经营绩效。境外机构投资者进行投资决策时，往往会选择治理结构和发展前景较好的上市公司，因此，董事长和总经理两职设置会影响 QFII 持股比例。邱昭健（2008）也通过实证研究证实了董事会独立性越高，越有利于吸引 QFII 持股。并且，境外机构投资者持有上市公司的股票后会对董事长和总经理两职设置进行监督，以保证公司的经营绩效和自身的投资收益。基于上述分析，QFII 持股比例与董事长和总经理两职设置相互影响、相互作用，并且会显著影响公司经营绩效。

独立董事不在公司内部任职，并且与上市公司不存在重要的业务往来，因此能够做出相对客观公正的决策。由于独立董事独立于公司股东之外，能够对经理层的行为进行监督与制衡，防止控股股东和经理层操控企业，促进经理层与董事会的利益趋向一致，提高公司运营效率，降低代理成本，从而吸引更多的境外机构投资者。并且，积极监督假说认为，机构投资者为了维护自身利益，会积极参与公司治理，通过完善公司治理结构，提高公司经营绩效，获得高额的投资收益。境外机构投资者作为境外投资机构，会积极参与公司治理以获得长期稳定的投资收益。即境外机构投资者会监督公司独立董事设立情况，从而保证其获得长期稳定的投资收益。基于上述分析，QFII 持股比例与独立董事比例相互影响、相互作用，并且会显著影响公司经营绩效。

为了解决所有权和控制权相分离所产生的“逆向选择”和“道德风险”，需要对高管进行股权激励，使高管的利益与股东利益趋向一致，提高公司经营绩效。并且，为了使高管利益与公司利益相一致，需要对公司高管建立长期激励机制。国内有关学者通过实证研究表明，机构投资者持股比例与高管持股比例显著正相关，表明机构投资者倾向于持有高管持股比例较高的上市公司的股票。一般来说，境外机构投资者属于机构投资者中的一种，具有机构投资者的特点，即境外机构投资者也倾向于持有高管持股比例较高的上市公司的股票，并且，高管持股比例越高，越有利于完善公司治理结构。也就是说，高管持股比例越高，越有利于吸引 QFII 持股。此外，境外机构投资者为了监督高管持股，通常会要求上市公司披露高管持股比例和持股变动等资料，防止高管持股激励的不合理现象。即 QFII 持股有利于完善公司治理结构，提高公司经营绩效。基于上述分析，QFII 持股比例与高管持股比例相互影响、相互作用，并且会显著影响公司经营绩效。

董事会专业委员会主要负责某个相对独立领域的日常运作和决策，并就该领域的决策向董事会提供建议，从某种程度上来讲，它是独立董事制度的延伸。董事会专业委员会将不同领域的专家吸纳进来，能够使董事会内部的专业知识相互融合与互补，降低公司经营决策风险，提升公司经营绩效。Ruigrok 等（2006）、鲁桐等（2007）研究认为，董事会专业委员会合理的分工能够提高董事会的运作效率，完善公司治理结构，并在一定程度上影响公司经营绩效。境外机构投资者作为理性的投资机构，为了获得长期的投资收益会选择公司治理结构完善的上市公司进行投资，即会选择董事会专业委员会设置合理的上市公司进行投资。并且，QFII 持股也有助于完善董事会专业委员会的设置，完善公司治理结构，提升公司经营绩效。基于上述分析，QFII 持股比例与董事会“四委”设立个数相互影响、相互作用，并且会显著影响公司经营绩效。

综上所述，QFII 持股比例与董事会治理结构相互影响、相互作用，二者之间存在交互作用，并且会显著影响公司经营绩效。因此，提出如下研究假设：

H3a：持股比例介于 5%～30% 的 QFII 持股比例与董事会规模的交互作用会显著影响公司经营绩效。

H3b：持股比例介于 5%～30% 的 QFII 持股比例与董事会年度会议次数的交互作用会显著影响公司经营绩效。

H3c：持股比例介于 5%～30% 的 QFII 持股比例与董事会两权分离度的交互作用会显著影响公司经营绩效。

H3d：持股比例介于 5%～30% 的 QFII 持股比例与董事长和总经理两职设置的交互作用会显著影响公司经营绩效。

H3e：持股比例介于 5%～30% 的 QFII 持股比例与独立董事比例的交互作用会显著影响公司经营绩效。

H3f：持股比例介于 5%～30% 的 QFII 持股比例与高管持股比例的交互作用会显著影响公司经营绩效。

H3g：持股比例介于 5%～30% 的 QFII 持股比例与董事会“四委”设立个数的交互作用会显著影响公司经营绩效。

3.2.3.2 QFII 持股比例与监事会治理结构的交互作用对公司经营绩效的影响

在现代公司制度中，所有权与控制权的分离使股东无法对公司日常经营活动进行管理，而是交由董事会进行管理，那么，为了避免董事会因追求自身利益最大化而损害股东利益，必须对董事会进行有效的监督和约束。公司法虽然可以通过规范性条款、股东会等方式对董事会及董事会成员进行监控，但这难以彻底防止董事会成员或董事会滥用职权。为此，多数国家设置了监事会为公司的专门监督机构。监事会的主要职责是监督公司董事会以及经理层行为，可以在很大程度上减少“内部人控制”现象，防止损害股东利益和公司利益行为的发生，提高公司经营绩效。但是，李维安和李汉军

(2006) 研究认为，监事会治理结构与公司绩效之间没有显著的相关关系。本书认为，二者之间的相关关系不显著，主要是由于目前我国的监事会制度仍不完善，监事会的监督作用没有真正得以发挥。但是，随着监事会治理结构的不断完善，监事会的监督职能会得以有效发挥。并且，境外机构投资者拥有丰富的投资管理经验和成熟的投资分析决策能力，往往投资于治理结构完善的上市公司。因此，境外机构投资者往往会投资于监事会治理结构完善的上市公司。一般来说，监事会治理结构主要是通过监事会规模和监事会年度会议次数来反映的。

另外，我国大部分上市公司都是由国有资本控股或参股，国有股"一股独大"现象较为严重，即控股股东对上市公司具有超强的控制力。在这种情况下，从保护自身利益的角度出发，境外机构投资者通常会通过介入监事会治理对控股股东的行为进行监督，完善监事会治理结构。韩国引入境外机构投资者制度表明，QFII 持股会对监事会治理结构（监事会规模和监事会年度会议次数）施加压力，要求提高监事会的监督职能，完善公司治理结构，提高公司经营绩效。也就是说，QFII 持股有利于完善监事会治理结构，提高公司经营绩效。基于上述分析，QFII 持股与监事会规模和监事会年度会议次数相互影响、相互作用，并且会显著影响公司经营绩效。

综上所述，QFII 持股比例与监事会治理结构相互影响、相互作用，二者之间存在交互作用，并且会显著影响公司经营绩效。因此，提出如下研究假设：

H3h：持股比例介于 5%～30% 的 QFII 持股比例与监事会规模的交互作用会显著影响公司经营绩效。

H3i：持股比例介于 5%～30% 的 QFII 持股比例与监事会年度会议次数的交互作用会显著影响公司经营绩效。

在概念模型图 3.2 和图 3.3 的基础上，将上述提出的全部 21 条理论假设与研究问题相对应，便于更清楚地理解本书研究中所要解决的问题，理论假设汇总如表 3.1 所示。

表 3.1 理论假设汇总

| 研究问题 | 假设层次 | | 假设描述 |
|---|---|---|---|
| QFII 持股结构对公司经营绩效影响的理论假设 | H1 | H1a | QFII 持股比例低于 5%，QFII 持股不会对公司经营绩效产生影响 |
| | | H1b | QFII 持股比例介于 5%～30%，QFII 持股会对公司经营绩效产生显著正向影响 |
| | | H1c | QFII 对第一大股东的制衡度会对公司经营绩效产生显著正向影响 |
| 公司治理结构在 QFII 持股比例与公司经营绩效关系中的理论假设 | H2 | H2a | 董事会规模是 QFII 持股比例与公司经营绩效关系的中介作用，即 QFII 持股通过影响董事会规模进而影响公司经营绩效 |
| | | H2b | 董事会会议次数是 QFII 持股比例与公司经营绩效关系的中介作用，即 QFII 持股通过影响董事会会议次数进而影响公司经营绩效 |
| | | H2c | 董事会两权分离度是 QFII 持股比例与公司经营绩效关系的中介作用，即 QFII 持股通过影响董事会两权分离度进而影响公司经营绩效 |
| | | H2d | 董事长与总经理两职设置情况是 QFII 持股比例与公司经营绩效关系的中介作用，即 QFII 持股通过影响董事长与总经理两职设置情况进而影响公司经营绩效 |
| | | H2e | 独立董事比例是 QFII 持股比例与公司经营绩效关系的中介作用，即 QFII 持股通过影响独立董事比例进而影响公司经营绩效 |
| | | H2f | 高管持股比例是 QFII 持股比例与公司经营绩效关系的中介作用，即 QFII 持股通过影响高管持股比例进而影响公司经营绩效 |
| | | H2g | “四委”设立个数是 QFII 持股比例与公司经营绩效关系的中介作用，即 QFII 持股通过影响“四委”设立个数进而影响公司经营绩效 |
| | | H2h | 监事会规模是 QFII 持股比例与公司经营绩效关系的中介作用，即 QFII 持股通过影响监事会规模进而影响公司经营绩效 |
| | | H2i | 监事会年度会议次数是 QFII 持股比例与公司经营绩效关系的中介作用，即 QFII 持股通过影响监事会年度会议次数进而影响公司经营绩效 |

续表

| 研究问题 | 假设层次 | 假设描述 | |
|---|---|---|---|
| QFII 持股比例与公司治理结构的交互作用对公司经营绩效影响的理论假设 | H3 | H3a | QFII 持股比例与董事会规模的交互作用会显著影响公司经营绩效 |
| | | H3b | QFII 持股比例与董事会会议次数的交互作用会显著影响公司经营绩效 |
| | | H3c | QFII 持股比例与董事会两权分离度的交互作用会显著影响公司经营绩效 |
| | | H3d | QFII 持股比例与董事长和总经理两职设置情况的交互作用会显著影响公司经营绩效 |
| | | H3e | QFII 持股比例与独立董事比例的交互作用会显著影响公司经营绩效 |
| | | H3f | QFII 持股比例与高管持股比例的交互作用会显著影响公司经营绩效 |
| | | H3g | QFII 持股比例与董事会“四委”设立个数的交互作用会显著影响公司经营绩效 |
| | | H3h | QFII 持股比例与监事会规模的交互作用会显著影响公司经营绩效 |
| | | H3i | QFII 持股比例与监事会年度会议次数的交互作用会显著影响公司经营绩效 |

资料来源：作者整理。

## 3.3 本章小结

本章在公司治理与公司绩效，机构投资者持股与公司绩效，以及境外机构投资者持股与公司绩效等国内外文献研究的基础上，结合委托代理理论和契约理论等，从理论的角度进一步研究了 QFII 持股对公司经营绩效的直接影响和间接影响，即 QFII 持股通过影响董事会治理结构和监事会治理结构进而对公司经营绩效产生影响，以及 QFII 持股比例与董事会治理结构和监事会治理结构的交互作用对公司经营绩效的影响。根据本书的研究目的和研究内容，分析了 QFII 持股对公司经营绩效影响的作用路径，并通过构建如图 3. 2 所示的概念模型对 QFII 持股影响公司经营绩效的作用路径进行了解释和论述，以及通过图 3. 3 分析各变量相应要素之间的影响路径。

通过上述理论研究认为，QFII 持股结构（QFII 持股高低和 QFII 持股制衡度）会对公司经营绩效产生直接影响；并且，境外机构投资者会通过影响董事会治理结构和监事会治理结构最终影响公司经营绩效，即董事会治理结构和监事会治理结构是 QFII 持股影响公司经营绩效的中介作用；同时，QFII 持股比例与董事会治理结构和监事会治理结构的交互作用也会对公司经营绩效产生显著影响。表 3. 1 汇总了本章所提出的 21 条理论假设，并将在后续章节通过实证研究对所提出的理论假设予以检验。

# 4　研究设计

为了对 QFII 持股与公司经营绩效的关系进行深入有效的分析，本书除在理论分析的基础上提出概念模型和研究假设等定性研究外，还需要采用定量研究方法对概念模型和理论假设予以实证检验。本书的研究样本是我国沪深 A 股上市公司前十大股东中有 QFII 持股的上市公司，其中涉及的变量 QFII 持股结构（QFII 持股高低和 QFII 持股制衡度）、公司治理结构（董事会治理结构和监事会治理结构）以及公司经营绩效等数据，都是从上市公司年报和金融统计数据库等公开资料中直接获取。本章将从变量测量、样本选取与数据收集、数据分析方法等方面，对本书的研究设计与实证研究方法进行阐述，为后续实证研究做好铺垫。

## 4.1　变量测度

### 4.1.1　解释变量的测度

本书以 QFII 持股作为研究对象，主要研究 QFII 持股结构与公司经营绩效的关系，研究中涉及的解释变量主要有 QFII 持股高低和 QFII 持股制衡度。变量的具体测度如下所示：

QFII 持股高低（QFII）：2014 年以前我国《证券交易实施细则》规定所有境外投资者对单个上市公司 A 股的持股比例总和不能超过该上市公司股份总额的

20%，2014 年以后将这一比例提高到 30%。同时我国《证券法》规定：当持股比例达到 5% 及以上时，需要披露权益变动书，从而促使 QFII 奉行长期的股权投资理念，通过积极参与公司治理来完善公司治理结构，提升公司经营绩效；当持股比例达到 10% 时，可以召开临时股东大会。但是由于我国上市公司中 QFII 持股比例介于 5%~30% 的公司数较少，如果再将其划分为两个区间段，每个区间段的研究样本太少，不具有统计规律。因此，本书将 QFII 持股高低划分为两个区间段，分别为：QFII 持股比例低于 5% 和 QFII 持股比例介于 5%~30%。QFII 持股比例选用我国上市公司中 QFII 持股数占公司总股本数的比值来表示。QFII 持股比例是决定境外机构投资者是否愿意参与公司治理以及参与程度的重要指标，反映了其参与公司治理的动力。QFII 持股比例越高，表明其参与公司治理的积极性就越高，越利于完善公司治理结构，提高公司经营绩效。

QFII 持股制衡度（QFII_ZHD）：QFII 持股制衡度选用 QFII 比例与上市公司第一大股东持股比例的比值来表示。QFII 持股制衡度反映了其参与上市公司治理的能力。境外机构投资者对上市公司第一大股东的制衡能够削弱大股东的权利，防止大股东侵害中小股东的利益。QFII 持股制衡度越接近 1，表明境外机构投资者与公司第一大股东的控制力越相当，参与公司治理的能力越强，公司经营绩效越好；QFII 持股制衡度越接近 0，表明境外机构投资者对公司第一大股东的制衡力度就越小，参与公司治理的能力就越弱，公司经营绩效就越差。

研究中所涉及的解释变量的名称及定义，如表 4.1 所示。

**表 4.1　解释变量的名称及定义**

| 变量名称 | 变量定义 |
| --- | --- |
| QFII 持股高低（QFII） | QFII 持股比例低于 5% 为 QFII_L；QFII 持股比例介于 5%~30% 为 QFII_H |
| QFII 持股制衡度（QFII_ZHD） | QFII 持股比例/上市公司第一大股东持股比例 |

资料来源：作者总结。

Coffee（2010）认为，机构投资者持股对公司治理效应的发挥需要较长时间才能显现出来。本书认为，QFII 持股结构对董事会治理结构和监事会治理结构以及公司经营绩效的影响也需要较长时间才能显现出来。同时，为了减少内生性影响（解释变量与被解释变量相互作用、相互影响、互为因果）和同时性影响（境外机构投资者投资时选择公司经营绩效较好的上市公司作为投资对象），本书参考 Cornett 等（2003）的做法将被解释变量采用滞后一期的处理方法，即研究 T－1 年 QFII 持股结构对 T 年公司经营绩效的影响，同时所有控制变量也都采用 T－1 年的数据。

### 4.1.2 中介变量的测度

由第 2 章可以看出，国内外学者分别从不同角度研究了影响公司董事会治理结构和监事会治理结构的测量维度及测度指标。根据上市公司治理理论、南开大学发布的上市公司治理指数以及国内外文献资料，本书主要从董事会规模、董事会年度会议次数、董事会两权分离度、董事长和总经理两职设置、独立董事比例、高管持股比例和董事会“四委”设立个数七个方面测度董事会治理结构；从监事会规模和监事会年度会议次数等两个方面测度监事会治理结构。本书在现有公司治理结构的研究基础上，加入了董事会两权分离度和董事会“四委”设立个数这两个指标。

实证研究中涉及的中介变量董事会治理结构和监事会治理结构的测量维度及测度指标如下所示。

#### 4.1.2.1 董事会治理结构

董事会治理效率会影响公司治理结构和公司经营绩效，因此，加强董事会治理是完善公司治理结构以及提升公司经营绩效的关键。

董事会规模越大，“搭便车”等现象就越严重，公司治理效率就越低；而董事会规模越小，企业决策效率和市场反应速度就越快，公司治理效率就越高。由此可见，董事会规模反映了董事会治理效率的高低，本书选用董事会总人数测度董事会规模。

董事会通常以会议形式作出决议，因此必须及时召开董事会会议才能发挥董事会的作用。并且，董事会会议的召开有利于促进董事会成员进行沟通，制定公司政策以及监督公司经营管理等。因此，为了有效发挥董事会的作用，要及时召开董事会会议。但是，召开董事会会议需要付出成本，并且董事会年度会议次数过多表明董事会会议质量较低，不利于提高公司经营绩效。由此可见，董事会会议次数能够反映董事会职能是否有效发挥，本书选用董事会年度会议次数测度董事会会议次数。

董事会所有权与控制权过度偏离会影响公司治理效率。两权分离给最终控制人谋取控制权私利、侵害中小股东的利益提供了机会，提高了企业的代理成本，降低了公司经营绩效。并且，大股东的利益侵占会随着两权分离度的提高而增加，导致越来越严重的代理问题，降低公司经营绩效。公司治理实践表明，所有权与控制权过度偏离会导致控股股东加大对中小股东利益的掠夺，使公司治理中的“第二类代理问题”愈加严重。总之，当所有权与控制权的分离程度越大时，控股股东与其他中小股东的利益就越背离，控股股东做出有损企业价值和中小股东利益决策的概率就越高，对公司经营绩效的不利影响就越大。两权分离度的测度指标主要有：（控制权比例－所有权比例）/控制权比例、所有权比例/控制权比例、控制权比例/所有权比例。本书认为，控制权是反映大股东的现金流权与表决权的分离程度，因此选用所有权与控制权之间的差值来测度董事会两权分离度。

委托代理理论认为，董事长与总经理两职分离有利于提高董事会决策的科学性和客观性，提高董事会决策质量，进而促进公司经营绩效的提升。另外，科学、客观的董事会决策有利于提高公司运营质量，提升公司经营绩效。由此可见，董事长与总经理两职设置能够有效测度董事会的独立性。当董事长与总经理两职合一时为1，否则为0。

独立董事制度能够改变经营者决策权力的结构，达到监督与制衡的作用，保证经理层不会背离所有者的目标，促进代理方与委托方的利益趋于一致，完善公司治理结构，提高公司经营绩效。同时，独立董事制度有利于提升上市公司专业化运作水平，提高董事会决策的科学性；有利于提高上市公司信息披露的质量，促进上市公司规范化运作，进而完善公司治理结构，提高公司经营绩效。由此可见，独立董事制度能够保证董事会决策的科学性，本书选用独立董事人数占董事会总人数的比重来测度独立董事比例。

高管持股是对高管的长期激励，能够促使高管的利益与公司利益趋于一致，减少股东与经理层之间的利益冲突，有效解决所有权与控制权相分离而产生的代理问题，降低代理成本，提高公司经营绩效。由此可见，高管持股有利于完善董事会治理结构，提升公司经营绩效，本书选用高管持股数占公司总股本数的比值来测度高管持股比例。

董事会专业委员会（“四委”）作为董事会的下设机构，承担着董事会授权和董事会分内的事务，决定或参与公司重大决策的制定，能够提高董事会的运作效率，完善公司治理结构，提升公司经营绩效。由此可见，董事会“四委”的设立有利于董事会职能的有效发挥，本书选用审计委员会、薪酬与考核委员会、战略委员会和提名委员会设立个数来测度董事会“四委”设立个数。

4.1.2.2 监事会治理结构

监事会作为公司治理结构的有效组成部分，主要代表股东大会行使监督职能，防止董事会和经理层发生有损公司利益和股东利益的行为。有效发挥监事会的监督职能，能够保证公司决策的科学性，维护股东权益，提高公司经营绩效。

我国《公司法》规定，股份有限公司的监事会成员不得少于3人，监事会由股东代表和适当比例的职工代表组成。冉光圭等（2015）认为，监事会规模越大，职工监事的比例越高，监事会的监督职能越强。因此，为了保证监事会的监督职能能够有效发挥，监事会人数应该保持在一定范围内。由此可见，监事会规模能够保证监事会监督职能的有效发挥，本书选用监事会总人数来测度监事会规模。

监事会会议是监事会成员进行沟通、履行监督职责的有效途径。监事会年度会议次数反映了监事会能否按照上市公司的治理要求及时召开监事会会议并做出相应的决策，反映了监事会的监督力度，是评价监事会履行工作职责的重要指标。监事会年度会议次数越多，监督力度越大，对公司违规行为的抑制作用越大，公司治理效果越好，公司经营绩效越好，本书选用监事会年度会议次数来测度监事会会议次数。

由上述分析可知，我国董事会治理结构和监事会治理结构的测量维度、测度指标以及指标的定义，如表4.2所示。

### 4.1.3 被解释变量的测度

国内外学者关于公司经营绩效测度指标的选取存在较大差异，例如，Demsetz

表 4.2 公司治理结构的测度指标及定义

| 测量维度 | 测度指标 | 指标定义 |
| --- | --- | --- |
| 董事会治理结构 | 董事会规模（*GM*） | 董事会总人数 |
| | 董事会年度会议次数（*DM*） | 董事会年度会议次数 |
| | 董事会两权分离度（*FL*） | 控制权与所有权之间的差值 |
| | 董事长与总经理两职设置（*DZ*） | 董事长与总经理两职合一为 1，否则为 0 |
| | 独立董事比例（*DD*） | 独立董事人数/董事会总人数 |
| | 高管持股比例（*GG*） | 高管持股数/公司总股本数 |
| | 董事会"四委"设立个数（*SW*） | 审计委员会、薪酬与考核委员会、战略委员会、提名委员会设立个数 |
| 监事会治理结构 | 监事会规模（*JG*） | 监事会总人数 |
| | 监事会年度会议次数（*JM*） | 监事会年度会议次数 |

资料来源：作者总结。

等（1985）、周镭和陈辉（2010）选用净资产收益率测度公司经营绩效；吴少凡和夏新平（2004）选用总资产收益率测度公司经营绩效；郝云宏和周翼翔（2010）则选用托宾 Q 值测度公司经营绩效。现有关于公司经营绩效测度指标的选取存在以下问题：偏重对财务指标的衡量、绩效测度指标选取的单维化等。战略管理理论认为，企业绩效评价体系必须有利于企业长期发展规划的实现，有利于企业长期竞争优势的形成，指标体系的设计要全面，要把财务指标和非财务指标相结合、把长期绩效指标和短期绩效指标相结合。系统管理理论也指出，公司绩效评价体系是由若干个要素组成的庞大系统，实施企业绩效评价必须有若干个要素作为保证。因此，单纯地以财务指标或者选用某一个指标来衡量公司绩效，影响研究结论的客观性和有效性。本书认为，上市公司经营绩效呈现多元化特征，既包括财务方面的绩效，也包括非财务方面的绩效。但是，由于上市公司非财务方面的绩效获取较为困难，因此选用财务方面的绩效指标进行公司经营绩效评价是较为现实的选择。同时，财务方面的绩效也不仅仅表现为公司的盈利能力状况，还包括公司的营运能力、偿债能力、发展能力等方面，因此，使用单一指标评价上市公司经营绩效不能准确、全面地反映公司经营业绩情况。

我国目前采用的公司绩效评价体系主要包括四个方面：财务效益状况、资产营运状况、偿债能力状况和发展能力状况。其中，财务效益状况主要反映企业的盈利能力；资产营运状况主要反映企业的营运能力，资产运营水平是提高企业绩效的途径；偿债状况主要反映企业的资产负债比例和偿还债务能力，是反映企业资产安全性的重要体现；发展能力状况主要反映企业的发展潜力。通过对上述四个方面的内容进行评价，可以全面衡量公司的经营绩效。同时，上市公司与非上市公司相比，最显著的特点就是将公司的资本划分为若干股份，股东以其所持股份的多少享有不同的权利并承担相应的责任。因此，上市公司经营绩效测度指标还应反映上市公司自身特点。

综上所述，根据现有关于公司经营绩效测度指标存在的问题，并结合我国上市公司的自身特点，借鉴国内外公司经营绩效评价方法，本书认为，上市公司经营绩效测度指标的选择应遵循以下三个原则：一是指标选取的多元化；二是以财务指标为主；三是结合上市公司自身特点。本书在现有研究基础上，在国资委现行企业绩效评价指标体系中加入了股本扩张能力指标，用该指标反映上市公司自身特点。也就是说，本书将从盈利能力状况、资产质量状况、债务风险状况、经营增长状况以及股本扩张能力五个方面全面测度我国上市公司经营绩效。其中，盈利能力状况选用净资产收益率（ROE）测度，ROE 用以衡量上市公司运用自有资本获得净收益的能力。净资产收益率高，表明公司资产配置合理、利用效率高。ROE 值越高，投资收益越高；ROE 值越低，投资收益越低。一般认为，净资产收益率在 10% 左右，企业的盈利能力适中；净资产收益率超过 15%，企业的盈利能力较强。资产质量状况选用总资产周转率（TAT）测度，TAT 是评价公司资产经营质量和利用效率的重要指标。TAT 值越高，上市公司的销售能力越强，资产利用效率越高。债务风险状况选用资产负债率（Debt）测度，Debt 表示上市公司总资产中通过负债筹资的比例，是衡量公司负债水平以及风险程度的重要指标。Debt 值越低，表明上市公司运用外部资金的能力越差；Debt 值越高，表明上市公司的财务风险越大。因此，Debt 应保持在一定水平上，一般认为，其适宜水平为 40% ~60%。经营增长状况选用销售增长率（Sale）测度，Sale 是评价公司成长状况和发展潜力的重要指标。Sale 值越高，表明上市公司的发展潜力就越大。股本扩张能力选用每股净资产（NVA）来测度，每股净资产反映每股股票所拥有的资产现值。每股净资产越高，每股资产价值就越多；每股净资产越少，每股资产价值就越少。股本扩张能力越强，表明上市公司的经营绩效越好、持续发展能力越强。

研究中所涉及的被解释变量的测度指标及定义，如表 4.3 所示。

**表 4.3 被解释变量的测度指标及定义**

| 测量维度 | 测度指标 | 变量定义 |
|---|---|---|
| 盈利能力状况 | 净资产收益率（ROE） | 净利润/净资产 |
| 资产质量状况 | 总资产周转率（TAT） | 营业收入额/平均资产总额 |
| 债务风险状况 | 资产负债率（Debt） | 负债/资产 |
| 经营增长状况 | 销售增长率（Sale） | 本年营业收入增长额/上年营业收入总额 |
| 股本扩张能力 | 每股净资产（NVA） | 股东权益/总股数 |

资料来源：作者总结。

### 4.1.4 控制变量的测度

在研究 QFII 持股对公司经营绩效的影响中，还需要对三个比较重要的变量进行控制，分别是公司规模、控股股东类型和上市公司股权集中度。虽然上述三个变量并不是本书研究的主要变量，但在 QFII 持股与公司经营绩效关系的研究中，可能会对公司经营绩效产生影响。因此，有必要在实证研究中将这三个变量作为控制变量，予以控制。

公司规模会对企业决策和企业行为产生重要影响，进而影响公司经营绩效。公司规模越大，能够为企业获取规模经济提供保障，提高市场竞争力，提高公司经营绩效。但是，公司规模越大，存在的委托代理问题就越多，会对公司经营绩效产生负面影响。因此，本书将公司规模（Size）设置为控制变量。根据《大中小型企业划分办法》，公司规模可以按照三个指标作为划分依据，分别是企业的“从业人员数”“销售额”和“资产总额”。由于企业的资产总额可以从资源占用和生产要素的层面上反映公司规模，并且该指标的波动幅度较小。因此，本书选用企业资产总额测度公司规模，并且考虑到企业资产总额的影响作用可能是递减的，所以采用企业年终资产总额的自然对数作为代理变量对公司规模进行测度。

QFII 持股对公司经营绩效产生影响的因素中，控股股东类型不能忽视，有必要对其进行相应的控制。控股股东行使所有权的方式存在差别，决定着公司董事会治理结构和监事会治理结构。南开大学公司治理课题组研究表明，国有控股公司的治理水平显著高于民营控股公司；李维安等（2006）认为，第一大股东的性质会影响公司经营绩效。因此，本书将控股股东类型（STATE）设置为控制变量，按照现有学者的做法，将控股股东分为国有控股股东和非国有控股股东两种类型。当控股股东为国有控股公司时为1，否则为0。

企业决策方式和决策效率的高低主要取决于股权集中度。孙永祥和黄祖辉（1999）研究认为，股权集中度影响公司治理结构和公司经营绩效。Shleifer 和 Vishny（1986）认为，上市公司普遍存在大股东控股而非分散持股的现象，即股权高度集中。大部分学者认为，股权过度集中会使大股东利用控制权侵占中小股东权益，而股权过度分散则会引发“内部人控制”等问题，因此，股权过度集中和过度分散都不利于公司经营绩效的提升，只有适度的股权结构才有利于提升公司经营绩效。本书认为，股权集中度越低，股东对公司的控制能力越弱，中小股东无法对经理层形成有效的监督，经理层为了最大化自己的私人收益会损害公司利益和股东权益，降低公司经营绩效。股权集中度越高，控股股东对经理层的监督力度越大，能够避免经理层利用控制权谋取私利，实现股东利益和公司利益最大化，提升公司经营绩效。但是，由于我国大部分上市公司都是由国有企业改制而来，普遍存在股权高度集中的现象，即“一股独大”现象。那么，控股股东为了维护自身利益会利用控制权剥夺中小股东的权益，严重影响公司经营绩效的提升。基于上述分析，本书将上市公司的股权集中度（Herf）作为控制变量。股权集中度的测度指标有前三大、前五大和前十大股东持股比例，但这三个指标高度相关，因此选用第一大股东持股比例来衡量上市公司股权集中度。

研究中所涉及的控制变量的名称及定义，如表4.4所示。

**表4.4 控制变量的名称及定义**

| 变量名称 | 变量定义 |
|---|---|
| 公司规模（Size） | Ln（年终总资产） |
| 控股股东类型（State） | 国有控股公司为1，否则为0 |
| 股权集中度（Herf） | 第一大股东持股比例 |

资料来源：作者总结。

## 4.2 样本选取与数据收集

### 4.2.1 样本选取

本书的研究期望深入了解 QFII 持股结构（QFII 持股高低和 QFII 持股制衡度）对我国上市公司经营绩效的影响，以及 QFII 持股如何通过影响董事会治理结构和监事会治理结构对公司经营绩效产生影响。因此，选取我国深圳和上海证券交易所上市公司的前十大股东中有 QFII 持股的公司作为研究对象，有利于全面分析上述关系。

股权分置改革方案实施以后，上市公司的盈余管理与关联交易明显减少，也就是说，股权分置改革的实施有利于完善我国上市公司治理结构。同时，由于境外机构投资者开立的资金账户是人民币账户，不能投资于 B 股市场，并且目前我国 B 股市场已经对外国投资者放开，不需要通过境外机构投资者进行投资。因此，选取我国股权分置改革完成后的 2008 ~ 2015 年沪深两市 A 股上市公司前十大股东中有 QFII 持股的公司作为研究样本。

为了保证研究数据的可获得性和研究的可操作性，本书对研究样本做了如下筛选：第一，由于金融保险类公司的现金流量巨大，且不属于实体经济，其财务状况等资料与非金融保险行业等实体经济相去甚远，因此，剔除金融与保险类上市公司；第二，由于标有“ST”（特别处理）和“PT”（特别转让）的上市公司连续两年出现亏损，经营业绩比较差，在经营管理方面可能存在问题，因此，剔除标有“ST”和“PT”的上市公司；第三，剔除不按规定披露数据以及相关数据缺失的上市公司。

根据上述关于研究样本的选取标准，最终选取前十大股东中有 QFII 持股的上市公司共 1518 家，剔除 19 家标有“ST”和“PT”的上市公司，最终选取 1499 家上市公司作为研究样本（包括国有控股和非国有控股上市公司），所选取的研究样本具体如表 4.5 所示。

表 4.5　本书研究样本数

| 年份 | 2008 | 2009 | 2010 | 2011 | 2012 | 2013 | 2014 | 2015 | 合计 |
|---|---|---|---|---|---|---|---|---|---|
| 有 QFII 持股的公司数 | 129 | 209 | 216 | 142 | 172 | 211 | 249 | 190 | 1518 |
| 其中，“ST”和“PT”公司数 | 3 | 6 | 1 | 1 | 1 | 1 | 3 | 3 | 19 |
| 研究样本数 | 126 | 203 | 215 | 141 | 171 | 210 | 246 | 187 | 1499 |

资料来源：作者整理。

根据本书研究需要，将 QFII 持股比例划分为两个区间段：QFII 持股比例低于5% 和 QFII 持股比例介于 5%～30%，每个区间段所涉及的研究样本数如表4.6所示。

表 4.6　不同区间段的研究样本数

| 年份 | 2008 | 2009 | 2010 | 2011 | 2012 | 2013 | 2014 | 2015 | 合计 |
|---|---|---|---|---|---|---|---|---|---|
| QFII 持股比例低于 5% 公司数 | 111 | 179 | 191 | 126 | 153 | 186 | 219 | 166 | 1331 |
| QFII 持股比例介于 5%～30% 公司数 | 15 | 24 | 24 | 15 | 18 | 24 | 27 | 21 | 168 |

资料来源：作者整理。

### 4.2.2　数据收集

实证研究中所涉及的数据主要包括 QFII 持股高低、QFII 持股制衡度、上市公司经营绩效（净资产收益率、总资产周转率、资产负债率、销售增长率、每股净资产）、董事会治理结构和监事会治理结构、控制变量（公司规模、控股股东类型、股权集中度）。

QFII 持股高低和持股制衡度等数据，根据东方财富网（数据中心）披露的 QFII 持股数，作者计算得到；上市公司经营绩效等数据均来自锐思（RESSET）金融数据库；董事会治理结构和监事会治理结构等数据均来源于国泰安（CSMAR）金融数据库；公司规模、控股股东类型和股权集中度等数据均来源于国泰安（CSMAR）金融数据库。

实证研究所使用的统计软件为 SPSS20.0 版本以及 AMOS24.0 版本。

## 4.3 数据分析方法

### 4.3.1 描述性统计

描述性统计是一种最基本的数据分析方法，主要通过表格、图形或数值等形式表现数据的特征。常见的描述性统计方法可分为三类：第一类是用数据的统计量来描述，如均值和标准差等；第二类是用图形来描述，如直方图、散点图、趋势图、条形图和饼图等；第三类是用文字语言来分析和描述，如统计分析表、因果图和流程图等。不同的变量尺度其表现方式截然不同，类别型变量或次序型变量通常以次数分布表或图示（如箱体图、饼图等）的形式表示，而连续型变量则通常以统计量或者图示（如折线图、柱状图等）的形式表示。

本书中的描述性统计分析主要是对样本公司的基本特征进行统计分析，包括QFII持股上市公司的规模、控股股东类型、股权集中度、董事会治理结构和监事会治理结构以及QFII持股高低和持股制衡度等，具体描述研究样本的类型、特征以及分布状况等。

### 4.3.2 相关性分析

相关性分析是研究变量之间是否存在相关关系，并且对变量间相关关系的程度和方向进行分析。变量之间的相关关系有两种：第一种是确定性的关系；第二种是不确定性的关系。相关性分析是对变量间的不确定性关系进行分析，其中，使用最多的是两个或多个随机变量之间的线性相关性分析。变量间的相关性程度可以用相关系数表示，但相关系数只能反映变量间是否存在相关关系，无法反映变量间的因果关系。常用的相关系数有 Pearson 相关系数、Spearman 相关系数和 Kendall 相关系数。其中，Pearson 相关系数主要用于分析连续型变量之间的相关关系，而 Spearman 和 Kendall 则主要用于分析非连续型变量之间的相关关系。

本书将采用 Pearson 相关系数分析法，研究 QFII 持股结构（QFII 持股高低和

QFII 持股制衡度)、上市公司治理结构（董事会治理结构和监事会治理结构）以及公司经营绩效等变量以及控制变量之间的相关系数。主要是利用 SPSS 统计软件计算得到 Pearson 相关系数矩阵、t 检验统计量和对应的概率 P 值。

### 4.3.3 中介作用检验

中介作用是指变量之间不存在直接的因果关系，而是通过某一个中介变量进行传递的。也就是说，自变量 $X$ 对因变量 $Y$ 的影响，如果是通过变量 $M$ 进行传递的，那么，$M$ 则为中介变量。中介变量的传递作用可用式（4.1）~式（4.3）表示（路径如图 4.1 所示）。

$$Y = cX + e_1 \qquad \text{式（4.1）}$$

$$M = aX + 0e_2 \qquad \text{式（4.2）}$$

$$Y = c'X + bM + e_3 \qquad \text{式（4.3）}$$

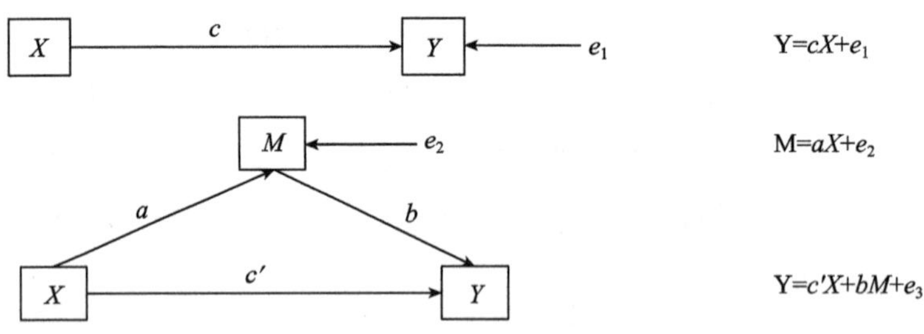


**图 4.1　中介变量路径**

常用的中介作用检验方法是依次检验法，检验步骤如图 4.2 所示。首先，检验自变量对因变量的作用，也就是检验系数 $c$，如果 $c$ 不显著，说明 $X$ 不会显著影响 $Y$，则停止检验；如果 $c$ 显著，则进行后续检验。其次，检验自变量对中介变量的作用，也就是检验系数 $a$，如果 $a$ 不显著，则停止检验；如果 $a$ 显著，说明 $X$ 会影响 $M$，则进行后续检验。最后，检验 $M$ 和 $Y$ 之间的关系，也就是检验系数 $b$，如果 $b$ 显著，说明中介作用显著，则继续检验系数 $c'$，如果 $c'$ 显著，表明不完全中介作用显著，如果 $c'$ 不显著，表明完全中介作用显著。也就是说，$X$ 对 $Y$ 的影响完全是通过 $M$ 来实现的；如果 $a$ 和 $b$ 中至少有一个不显著，则需要进

行 Sobel 检验，如果 Sobel 检验显著，说明中介作用显著。

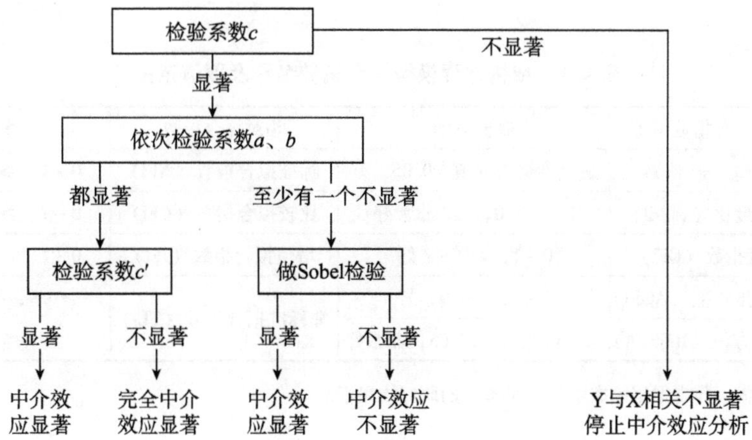


**图 4.2 中介作用检验步骤**

本书将采用依次检验法检验 QFII 持股比例是否通过影响公司董事会治理结构和监事会治理结构进而对公司经营绩效产生影响。首先，检验 QFII 持股比例对公司经营绩效的影响；其次，检验 QFII 持股比例对董事会治理结构和监事会治理结构的作用；最后，检验董事会治理结构和监事会治理结构是否在 QFII 持股比例与公司经营绩效之间存在中介作用。

### 4.3.4 结构方程模型

当实证研究中需要分析多个自变量和多个因变量之间的关系时，传统的统计分析方法无法有效解决这类问题。结构方程模型能够弥补传统统计方法存在的缺陷，很好地解决上述问题。结构方程模型是建立、估计和检验因果关系模型的一种统计方法，是由测量模型和结构模型两部分构成。

结构方程模型分析可以分为四个步骤，分别是模型建构、模型拟合、模型评价和模型修订，其中，模型拟合是结构方程模型分析的核心内容，用于检验模型与实际数据的拟合程度。Marsh、Hau、Grayson 将拟合指数分为三类：绝对指数、相对指数和简约指数。本书借鉴侯杰泰等（2006）的研究成果，在进行模型拟合度评价时，综合运用绝对拟合指数和相对拟合指数中广泛应用的指数进行分析。结构方程模型拟合指数名称及取值范围如表 4.7 所示。

**表 4.7 结构方程模型拟合指数名称及取值范围**

| 绝对拟合指数 | 取值范围 | 相对拟合指数 | 取值范围 |
|---|---|---|---|
| 卡方检验（$\chi^2$ 值） | 显著性概率 p 值 >0.05，好 | 标准拟合指数（NFI） | 0～1，≥0.9，好 |
| 卡方自由度比（$\chi^2/df$） | 2.0～5.0，≤2 非常好 | 比较拟合指数（CFI） | 0～1，≥0.9，好 |
| 拟合优度指数（GFI） | 0～1，≥0.9，好 | 增值拟合指数（IFI） | 0～1，≥0.9，好 |
| 调整拟合优度指数（AGFI） | 0～1，≥0.9，好 | 非标准拟合指数（TLI） | ≥0.9，接近于1 非常好 |
| 近似误差均方根（RMSEA） | <0.1，好；<0.05，非常好 | | |

资料来源：作者根据侯杰泰等（2006）的研究成果汇总。

本书研究中将使用结构方程模型分析董事会治理结构和监事会治理结构对公司经营绩效的影响，并对结构方程模型进行整体拟合优度分析。关于 QFII 持股比例与董事会治理结构和监事会治理结构的交互作用对公司经营绩效影响的研究，将采用下述交互作用建模原理进行分析。

### 4.3.5 交互作用分析

交互作用就是变量 $A$ 对于结果的影响在变量 $B$ 出现变化时也会出现变化，是反映两个或者两个以上的自变量相互影响、相互作用，共同影响因变量的变化。实证研究中通常用两个变量的乘积项表示交互作用，具体如式（4.4）表示。

$$Y=\beta_0+\beta_1X_1+\beta_2X_2+\beta_3X_1X_2+e \quad \text{式（4.4）}$$

式中，$X_1$ 和 $X_2$ 是主效应项，$X_1X_2$ 是交互效应项。如果 $\beta_3\neq0$，表示交互作用显著。

为了减少 $X_1$、$X_2$ 和 $X_1X_2$ 三个自变量存在多重共线性的可能性，应当先将 $X_1$、$X_2$ 中心化，然后再计算它们的乘积项。

本书将借鉴交互作用的基本原理，采用回归分析法分析 QFII 持股比例与董事会治理结构和监事会治理结构的交互作用对公司经营绩效的影响。

## 4.4 本章小结

本章分别从变量测量、样本选取和数据收集，以及数据分析方法三个方面对后续实证研究中所要用到的内容进行了全面阐述，为后续研究做好铺垫。首先，通过国内外相关文献资料的阅读，在现有研究基础上根据本书的概念模型，对实证研究中涉及的解释变量、被解释变量、中介变量以及控制变量予以确定；其次，对后续实证研究中涉及的研究样本的选取以及研究数据的具体来源进行了阐述，确保了研究数据的可靠性和有效性；最后，对实证分析中所要用到的研究方法进行了描述，后续的研究将依据本章的具体研究方法展开。本章的研究内容为后续实证研究打下了基础。在第 5 章实证研究部分，将根据研究样本的统计数据，按照上述研究方法对研究假设进行实证检验。

# 5 实证分析与假设检验

本章主要采用上述数据分析方法对所构建的概念模型以及提出的研究假设进行实证检验，从而验证本书的研究假设是否符合上市公司实际情况。具体研究内容如下：第一，采用主成分分析法分别计算得到 QFII 持股比例低于 5% 和 QFII 持股比例介于 5%~30% 的上市公司的经营绩效综合得分，用该得分代表公司综合经营绩效；第二，对全样本数据以及 QFII 持股比例低于 5% 的上市公司和 QFII 持股比例介于 5%~30% 的上市公司数据分别进行基本统计分析，包括描述性统计分析和相关性分析；第三，采用回归分析法对研究假设 H1 进行实证检验；第四，采用中介作用检验法对研究假设 H2 进行实证检验；第五，采用结构方程模型和交互作用分析法对研究假设 H3 进行实证检验；第六，对本章的内容进行小结。

## 5.1 公司经营绩效的主成分分析

在进行实证分析之前，需要先利用主成分分析法分别计算出 QFII 持股比例低于 5% 和 QFII 持股比例介于 5%~30% 的上市公司的经营绩效综合得分，用该综合得分分别表示这两类上市公司的综合经营绩效。主成分分析法的具体计算过程由以下两个步骤构成：一是进行主成分提取；二是计算主成分综合得分。由于这两类上市公司主成分分析法的计算过程完全相同，因此本书仅列出 QFII 持股比例低于5%的上市公司综合经营绩效的主成分分析结果。

### 5.1.1 主成分提取

采用SPSS20.0统计软件，提取QFII持股比例低于5%的公司经营绩效的主成分，结果如表5.1所示。

表5.1 解释总方差

| 成分 | 起始特征值 | | | 提取平方和载入 | | |
|---|---|---|---|---|---|---|
| | 总计 | 变量的% | 累计% | 总计 | 变量的% | 累加% |
| 1 | 1.400 | 28.001 | 28.001 | 1.400 | 28.001 | 28.001 |
| 2 | 1.211 | 24.216 | 52.217 | 1.211 | 24.216 | 62.217 |
| 3 | 0.876 | 17.511 | 69.727 | | | |
| 4 | 0.811 | 16.211 | 85.939 | | | |
| 5 | 0.703 | 14.061 | 100.000 | | | |

资料来源：SPSS20.0主成分提取结果。

由表5.1可知，特征值大于1的主成分共2个，其累计贡献率为62.217%（大于60%），可以综合反映QFII持股比例低于5%的上市公司综合经营绩效。

采用SPSS20.0统计软件，计算得出QFII持股比例低于5%的上市公司经营绩效旋转后的因子载荷矩阵，结果如表5.2所示。

表5.2 旋转后的因子载荷矩阵

| | 成分 | |
|---|---|---|
| | 1 | 2 |
| Zscore（资产负债率） | 0.789 | 0.131 |
| Zscore（每股净资产） | -0.631 | 0.240 |
| Zscore（总资产周转率） | 0.376 | 0.665 |
| Zscore（销售增长率） | -0.095 | 0.637 |
| Zscore（净资产收益率） | -0.389 | 0.606 |

资料来源：SPSS20.0主成分提取结果。

由表5.2可知，因子1对资产负债率和每股净资产有较大影响，反映的是公司经营风险情况，可以命名为“经营风险”，用“F1”表示；因子2对总资产周转率、销售增长率和净资产收益率有较大影响，反映的是公司经营增长情况，可以命名为“经营增长”，用“F2”表示。

### 5.1.2 主成分综合得分

根据式（5.1）和式（5.2），分别计算得出2个主成分的得分（F1，F2），再以各主成分的贡献率为权重对主成分得分进行加权平均，如式（5.3）所示，计算得出主成分综合得分，即QFII持股比例低于5%的上市公司经营绩效综合得分，代表QFII持股比例低于5%的上市公司综合经营绩效。

$$\text{主成分 1 得分}(F1) = \text{因子 1 得分} \times \sqrt{1.400} \qquad \text{式（5.1）}$$

$$\text{主成分 2 得分}(F2) = \text{因子 2 得分} \times \sqrt{1.211} \qquad \text{式（5.2）}$$

$$Perf = \frac{(26.429 \times F1 + 25.788 \times F2)}{52.217} \qquad \text{式（5.3）}$$

## 5.2 样本数据基本统计分析

本书主要从锐思金融数据库、国泰安金融数据库以及上市公司年报中获取研究所需数据资料，在进行回归分析、结构方程分析以及交互作用分析之前，应该对全样本数据以及QFII持股比例低于5%和QFII持股比例介于5%～30%的样本数据分别进行基本统计分析，包括描述性统计分析和相关性分析。

### 5.2.1 样本数据描述性统计分析

进行样本数据的描述性统计分析时，首先对QFII持股公司的全样本数据进行描述性统计分析，然后对QFII持股比例低于5%和QFII持股比例介于5%～30%的样本数据进行描述性统计分析。描述性统计分析主要是对QFII比例和持股制衡度、QFII持股公司的董事会治理结构和监事会治理结构、公司经营绩效以及控制变量（公司规模、控股股东类型和股权集中度）等进行分析，统计各变量的样本数、最小值、最大值、均值以及标准差等，从而分析研究样本的构成情况。

5.2.1.1　全样本数据的描述性统计分析

QFII 持股公司的全样本数据描述性统计分析，主要是对 QFII 持股比例和持股制衡度的全样本数据进行描述性统计分析、QFII 持股公司的董事会治理结构和监事会治理结构以及公司经营绩效的全样本数据进行描述性统计分析，以及 QFII 持股公司的规模、控股股东类型和股权集中度等控制变量的全样本数据进行描述性统计分析，具体结果分别如表 5.3、表 5.4、表 5.5、表 5.6 所示。

**表 5.3　QFII 持股比例和 QFII 持股制衡度全样本数据的描述性统计结果**

| | 样本数 | 最小值 | 最大值 | 均值 | 标准差 |
|---|---|---|---|---|---|
| QFII 持股比例 | 1499 | 0.010 | 29.480 | 1.557 | 1.837 |
| QFII 持股制衡度 | 1499 | 0.000 | 1.782 | 0.051 | 0.082 |

资料来源：SPSS20.0 描述性统计结果。

**表 5.4　QFII 持股公司治理结构全样本数据的描述性统计结果**

| | 最小值 | 最大值 | 均值 | 标准差 |
|---|---|---|---|---|
| 董事会规模 | 5 | 18 | 9.29 | 1.890 |
| 董事会年度会议次数 | 2 | 49 | 9.150 | 3.956 |
| 董事会两权分离度 | 0.000 | 53.424 | 5.865 | 8.417 |
| 董事长和总经理两职设置 | 0 | 1 | 0.190 | 0.393 |
| 独立董事比例 | 0.000 | 0.625 | 0.369 | 0.058 |
| 高管持股比例 | 0 | 0.736 | 0.069 | 0.158 |
| 董事会“四委”设立个数 | 1 | 4 | 3.750 | 0.565 |
| 监事会规模 | 2 | 13 | 3.860 | 1.293 |
| 监事会年度会议次数 | 1 | 16 | 5.171 | 1.758 |

注：2008 ~ 2015 年 QFII 持股上市公司总计 1499 家。

资料来源：SPSS20.0 描述性统计结果。

**表 5.5　QFII 持股公司经营绩效全样本数据的描述性统计结果**

| | 最小值 | 最大值 | 均值 | 标准差 |
|---|---|---|---|---|
| 净资产收益率 | -505.650 | 75.050 | 9.386 | 18.213 |
| 总资产周转率 | 0.001 | 8.719 | 0.789 | 0.632 |
| 资产负债率 | 0.621 | 115.120 | 42.698 | 21.352 |
| 销售增长率 | -79.690 | 558.690 | 16.441 | 31.518 |
| 每股净资产 | -2.274 | 25.996 | 4.895 | 2.951 |

注：2008～2015 年 QFII 持股上市公司总计 1499 家。

资料来源：SPSS20.0 描述性统计结果。

**表 5.6　QFII 持股公司控制变量全样本数据的描述性统计结果**

| | 最小值 | 最大值 | 均值 | 标准差 |
|---|---|---|---|---|
| 公司规模 | 18.611 | 28.509 | 23.483 | 1.534 |
| 控股股东类型 | 0 | 1 | 0.090 | 0.285 |
| 股权集中度 | 9.309 | 88.549 | 39.560 | 16.413 |

注：2008～2015 年 QFII 持股上市公司总计 1499 家。

资料来源：SPSS20.0 描述性统计结果。

由表 5.3 可知，我国上市公司中 QFII 持股情况存在较大差异。其中，QFII 持股比例的最小值为 0.01%，最大值为 29.48%；QFII 持股制衡度的最小值为 0，最大值为 1.782。QFII 持股比例和持股制衡度的均值分别为 1.557% 和 0.051，表明境外机构投资者参与我国上市公司治理的动力和能力都较弱。QFII 持股比例的标准差为 1.837，表明 QFII 持股比例存在一定的差异；QFII 持股制衡度的标准差只有 0.082，表明 QFII 持股制衡度存在一定的差异，但差异非常小。

由表 5.4 可知，对于 QFII 持股上市公司的董事会治理结构而言：董事会平均人数为 9.29 人，标准差为 1.890，表明董事会规模的差异性不大；董事会年度会议次数的标准差为 3.956，存在较大差异，但董事会年度平均会议次数达到 9.15 次，能够保证董事会职能的有效发挥，但又不会因为董事会会议次数过多而增加成本；董事会两权分离度的均值为 5.865，表明我国 QFII 持股上市公司普遍存在控制权与所有权的分离，并且两权分离度的标准差为 8.417，表明董事会的两权分离程度存在一定的差异；董事长和总经理两职设置的均值为0.190，且标准差为0.393，表明我国大多数有QFII持股的上市公司中董事长和总经理两职是分离的，从而增强了董事会的独立性；独立董事人数占董事会总人数的平均比例为36.9%，达到了我国证监会的要求（占1/3以上）；高管平均持股比例只有6.9%，表明我国上市公司对高管采取股权激励的力度非常小，高管为了追求自身利益最大化，容易损害公司利益和股东利益，不利于公司经营绩效的提升；董事会“四委”平均设立个数为3.75个，有利于董事会决策的制定，保证了董事会职能的有效发挥。

对于QFII持股上市公司的监事会治理结构而言：监事会规模的平均值为3.860人，接近4人，符合我国《公司法》对监事会人数的规定，监事会规模的标准差为1.293，表明监事会规模存在一定差异，但差异较小；监事会年度平均会议次数为5.171次，能够保证监事会监督职能的有效发挥。

由表5.5可知，对于QFII持股上市公司而言：公司的净资产收益率、资产负债率和销售增长率的标准差分别为18.213、21.352和31.518，表明QFII持股公司的盈利能力状况、债务风险状况和经营增长状况存在较大差异；总资产周转率和每股净资产的标准差分别为0.632和2.951，表明QFII持股公司的资产质量状况和股本扩张能力的差异性较小；净资产收益率和资产负债率的均值分别为9.386和42.698，表明QFII持股公司的整体发展状况较好，且资产负债水平比较合理。并且，公司的净资产收益率、销售增长率和每股净资产的最小值均为负值，表明并不是所有的境外机构投资者都会选择经营绩效较好或发展前景较好的上市公司进行投资，也就是说，并不是所有的境外机构投资者都扮演着价值发现者角色，部分境外机构投资者则扮演着价值创造者角色。

由表5.6可知，公司规模的标准差为1.534，表明QFII持股上市公司的规模差异性不大；控股股东类型的均值为0.090，且标准差为0.285，表明大多数境外机构投资者都倾向于持有非国有控股上市公司的股票；股权集中度的平均值高达39.56%，表明QFII持股上市公司中的第一大股东形成了对公司的控制权（通常认为第一大股东持股比例在30%以上即为集中），这与我国上市公司股权高度集中的现实相符。

5.2.1.2 QFII 不同持股比例公司的描述性统计分析

境外机构投资者不同持股比例公司的描述性统计分析，主要是对持股比例低于5%和持股比例介于5%~30%的QFII持股比例和持股制衡度进行描述性统计分析、QFII持股比例低于5%和QFII持股比例介于5%~30%的上市公司的董事会治理结构和监事会治理结构、公司经营绩效进行描述性统计分析，以及对公司规模、控股股东类型和股权集中度等控制变量进行描述性统计分析，具体结果分别如表5.7、表5.8、表5.9、表5.10所示。

**表5.7 QFII持股比例和QFII持股制衡度的描述性统计结果**

| | 持股比例低于5% | | | | 持股比例介于5%~30% | | | |
|---|---|---|---|---|---|---|---|---|
| | 最小值 | 最大值 | 均值 | 标准差 | 最小值 | 最大值 | 均值 | 标准差 |
| QFII 持股比例 | 0.010 | 4.910 | 1.297 | 1.042 | 5.040 | 29.480 | 8.043 | 3.829 |
| QFII 持股制衡度 | 0.000 | 0.183 | 0.041 | 0.038 | 0.184 | 1.782 | 0.327 | 0.259 |

注：2008~2015年QFII持股比例低于5%的上市公司共计1331家；QFII持股比例介于5%~30%的上市公司共计168家。

资料来源：SPSS20.0描述性统计结果。

**表5.8 公司治理结构的描述性统计结果**

| | QFII 持股比例低于5%的公司 | | | | QFII 持股比例介于5%~30%的公司 | | | |
|---|---|---|---|---|---|---|---|---|
| | 最小值 | 最大值 | 均值 | 标准差 | 最小值 | 最大值 | 均值 | 标准差 |
| 董事会规模 | 5 | 18 | 9.24 | 1.826 | 5 | 17 | 9.330 | 1.953 |
| 董事会年度会议次数 | 2 | 49 | 9.230 | 3.997 | 3 | 33 | 9.060 | 3.916 |
| 董事会两权分离度 | 0.000 | 35.961 | 5.935 | 8.206 | 0.000 | 53.424 | 5.795 | 8.630 |
| 董事长和总经理两职设置 | 0 | 1 | 0.230 | 0.423 | 0 | 1 | 0.150 | 0.357 |
| 独立董事比例 | 0 | 0.625 | 0.366 | 0.057 | 0 | 0.625 | 0.373 | 0.059 |
| 高管持股比例 | 0 | 0.736 | 0.090 | 0.176 | 0 | 0.698 | 0.048 | 0.135 |
| 董事会“四委”设立个数 | 1 | 4 | 3.734 | 0.595 | 1 | 4 | 3.760 | 0.534 |
| 监事会规模 | 2 | 13 | 3.740 | 1.240 | 2 | 12 | 3.980 | 1.333 |
| 监事会年度会议次数 | 1 | 13 | 5.260 | 1.785 | 1 | 16 | 5.080 | 1.726 |

注：2008~2015年QFII持股比例低于5%的上市公司共计1331家；QFII持股比例介于5%~30%的上市公司共计168家。

资料来源：SPSS20.0描述性统计结果。

表 5.9 公司经营绩效的描述性统计结果

| | QFII 持股比例低于 5% 的公司 | | | | QFII 持股比例介于 5% ~ 30% 的公司 | | | |
|---|---|---|---|---|---|---|---|---|
| | 最小值 | 最大值 | 均值 | 标准差 | 最小值 | 最大值 | 均值 | 标准差 |
| 净资产收益率 | -74.400 | 56.050 | 11.830 | 8.910 | -505.650 | 75.050 | 6.964 | 23.883 |
| 总资产周转率 | 0.001 | 6.580 | 0.832 | 0.651 | 0.001 | 8.719 | 0.746 | 0.611 |
| 资产负债率 | 0.621 | 103.750 | 40.818 | 20.854 | 0.762 | 115.120 | 44.579 | 21.691 |
| 销售增长率 | -70.310 | 330.510 | 19.750 | 27.487 | -79.690 | 558.690 | 13.172 | 34.761 |
| 每股净资产 | -0.043 | 25.996 | 5.296 | 3.130 | -2.274 | 24.469 | 4.494 | 2.703 |

注：2008 ~ 2015 年 QFII 持股比例低于 5% 的上市公司共计 1331 家；QFII 持股比例介于 5% ~ 30% 的上市公司共 168 家。

资料来源：SPSS20.0 描述性统计结果。

表 5.10 控制变量的描述性统计结果

| | QFII 持股比例低于 5% 的公司 | | | | QFII 持股比例介于 5% ~ 30% 的公司 | | | |
|---|---|---|---|---|---|---|---|---|
| | 最小值 | 最大值 | 均值 | 标准差 | 最小值 | 最大值 | 均值 | 标准差 |
| 公司规模 | 19.357 | 27.039 | 22.208 | 1.305 | 18.611 | 28.509 | 22.757 | 1.689 |
| 控股股东类型 | 0 | 1 | 0.080 | 0.275 | 0 | 1 | 0.100 | 0.295 |
| 股权集中度 | 9.309 | 86.419 | 41.929 | 16.657 | 9.309 | 88.549 | 37.191 | 15.827 |

注：2008 ~ 2015 年 QFII 持股比例低于 5% 的上市公司共计 1331 家；QFII 持股比例介于 5% ~ 30% 的上市公司共计 168 家。

资料来源：SPSS20.0 描述性统计结果。

由表 5 - 7 可知，持股比例低于 5% 的 QFII 平均持股比例只有 1.297%，由于 QFII 持股比例较低，因此参与公司治理的动力较小，主要通过持有公司绩效较好或发展前景较好的上市公司的股票来获得短期的投资收益；并且，持股比例低于 5% 的 QFII 平均持股制衡度也只有 0.041，因此他们对上市公司第一大股东的制衡力度非常弱，即参与公司治理的能力非常小。由此可见，持股比例低于 5% 的境外机构投资者主要扮演着价值发现者角色，奉行短期的财务投资理念，不会积极参与公司治理，也不会对公司经营绩效产生影响。

持股比例介于 5% ~ 30% 的 QFII 最高持股比例为 29.48%，平均持股比例为 8.043%，因此参与公司治理的动力较大，会通过积极参与公司治理，完善公司治理结构进而提升公司经营绩效，最终获得长期稳定的投资收益；并且，持股比例介于5%~30%的QFII平均持股制衡度为0.327，说明他们对上市公司第一大股东具有一定的制衡力，但制衡力度仍有待提高。由此可见，持股比例介于5%~30%的境外机构投资者主要扮演着价值创造者角色，奉行长期的价值投资理念，会通过积极参与公司治理进而影响公司经营绩效。

由表5.8可知，QFII持股比例介于5%~30%的上市公司的董事会年度会议次数、董事会两权分离度、董事长和总经理两职设置、高管持股比例和监事会年度会议次数的均值均高于QFII持股比例低于5%的上市公司，表明境外机构投资者倾向于持有董事会两权分离度大以及董事长和总经理两职分离公司的股票，并且QFII持股比例越高，公司董事会年度会议次数、监事会年度会议次数以及高管持股比例就越高；QFII持股比例低于5%与QFII持股比例介于5%~30%的上市公司的董事会规模、监事会规模、独立董事比例以及董事会“四委”设立个数的均值基本相当。

由表5.9可知，QFII持股比例介于5%~30%的上市公司比QFII持股低于5%的上市公司的净资产收益率、总资产周转率、销售增长率和每股净资产的均值高，表明QFII持股比例越高，公司的盈利能力状况、资产质量状况、经营增长状况和股本扩张能力就越好，进一步验证了本书的研究假设H1b：持股比例介于5%~30%的QFII持股会对公司经营绩效产生显著的正向影响。但是，QFII持股比例介于5%~30%的上市公司的资产负债率的均值却低于QFII持股低于5%的上市公司的资产负债率的均值，表明境外机构投资者倾向于持有资产负债率相对较低的上市公司的股票。

由表5.10可知，QFII持股比例介于5%~30%的上市公司的规模与QFII持股比例低于5%的上市公司的规模差异不大；但是，持股比例介于5%~30%的境外机构投资者倾向于持有非国有控股公司的股份，而持股比例低于5%的境外机构投资者则倾向于持有国有控股公司的股份；QFII持股比例介于5%~30%上市公司的股权集中度的均值小于QFII持股比例低于5%上市公司的股权集中度的均值，表明境外机构投资者倾向于持有股权集中度相对较低的上市公司的股票。

### 5.2.2 变量间相关性分析

由于研究中涉及的变量较多，各变量之间可能会存在一定的相关性，因此，在运用统计软件进行实证检验之前，需要先对各变量进行相关性分析，判断各变量之间是否存在显著的相关关系，从而对本书提出的研究假设进行初步验证。根据后续实证研究需要，本书主要分析自变量与因变量、中介变量与因变量，以及自变量与中介变量之间的相关关系。由于上述各变量均为连续型的变量，因此采用皮尔逊（Pearson）相关性分析。

由上述分析可知，持股比例低于5%的境外机构投资者，由于持股比例较低，参与公司治理的动力和能力较弱，并且奉行短期的价格投资理念，主要通过持有公司绩效较好或发展前景较好的上市公司的股票从而获得短期的投资收益，他们扮演着价格发现者角色，不会积极参与公司治理并提高公司经营绩效。而持股比例介于5%~30%的境外机构投资者，由于持股比例相对较高，参与公司治理的动力和能力也相对较高，并且持有长期的价值投资理念，会通过积极参与公司治理进而提升公司经营绩效。因此，本书在后续的相关性研究中均以持股比例介于5%~30%的QFII持股比例和持股制衡度作为自变量进行分析。

5.2.2.1 自变量与因变量的相关性分析

自变量（*QFII_ H*和*QFII_ ZHD*）与因变量（公司经营绩效测度指标：*ROE*，*TAT*，*Debt*，*Sale*和*NVA*）间Pearson相关性系数矩阵及其显著性水平，如表5.11所示。

**表5.11 自变量与因变量的Pearson相关性系数矩阵**

| | *QFII_ H* | *QFII_ ZHD* | *ROE* | *TAT* | *Debt* | *Sale* | *NVA* |
|---|---|---|---|---|---|---|---|
| *QFII_ H* | 1 | | | | | | |
| *QFII_ ZHD* | 0.848***<br>(0.000) | 1 | | | | | |
| *ROE* | 0.107***<br>(0.000) | 0.085***<br>(0.002) | 1 | | | | |

续表

| | QFII_ H | QFII_ ZHD | ROE | TAT | Debt | Sale | NVA |
|---|---|---|---|---|---|---|---|
| TAT | 0.032 **<br>(0.049) | 0.054 *<br>(0.052) | 0.119 ***<br>(0.000) | 1 | | | |
| Debt | 0.042<br>(0.131) | 0.009<br>(0.747) | -0.141 ***<br>(0.000) | 0.151 ***<br>(0.000) | 1 | | |
| Sale | 0.081 ***<br>(0.004) | 0.058 **<br>(0.036) | 0.178 ***<br>(0.000) | 0.098 ***<br>(0.000) | -0.005<br>(0.854) | 1 | |
| NVA | 0.099 ***<br>(0.000) | 0.041 **<br>(0.038) | 0.155 ***<br>(0.000) | 0.010<br>(0.709) | -0.203 ***<br>(0.000) | 0.085 ***<br>(0.002) | 1 |

注：①括号外为 Pearson 相关性系数，括号内为 P 值；② *** 表示在 0.01 水平上（双尾）显著性相关，** 表示在 0.05 水平上（双尾）显著性相关，* 表示在 0.1 水平上（双尾）显著性相关。样本数为 168。

资料来源：SPSS20.0 Pearson 相关系数矩阵结果。

由表 5.11 可以看出，持股比例介于 5%～30% 的 QFII 持股比例（*QFII_ H*）与持股制衡度（*QFII_ ZHD*）在 0.01 的水平上显著正相关，但是在进行实证检验时，这两个自变量不会出现在同一个回归方程中，因此不会对回归结果产生影响；自变量持股比例介于 5%～30% 的 QFII 持股比例（*QFII_ H*）和持股制衡度（*QFII_ ZHD*）与因变量公司经营绩效测度指标中的净资产收益率（*ROE*）、总资产周转率（*TAT*）、销售增长率（*Sale*）以及每股净资产（*NVA*）均呈显著正相关关系，表明 QFII 持股比例和持股制衡度越高，公司的盈利能力状况、资产周转状况、经营增长状况以及股本扩张能力就越好，初步证实了研究假设 H1b 和 H1c。

5.2.2.2 中介变量与因变量的相关性分析

QFII 持股比例介于 5%～30% 的上市公司的董事会治理结构和监事会治理结构与公司综合经营绩效的 Pearson 相关性系数矩阵及其显著性水平，分别如表 5.12、表 5.13 所示。

表 5.12 董事会治理结构与公司综合经营绩效的 Pearson 相关性系数矩阵

| | *Perf_ H* | *GM* | *DM* | *FL* | *DZ* | *DD* | *GG* | *SW* |
|---|---|---|---|---|---|---|---|---|
| *Perf_ H* | 1 | | | | | | | |
| *GM* | -0.103 ***<br>(0.000) | 1 | | | | | | |
| *DM* | 0.100 ***<br>(0.000) | 0.022<br>(0.418) | 1 | | | | | |
| *FL* | -0.050 *<br>(0.079) | 0.011<br>(0.699) | 0.006<br>(0.835) | 1 | | | | |
| *DZ* | 0.067 **<br>(0.016) | 0.127 ***<br>(0.000) | 0.047 *<br>(0.085) | 0.031<br>(0.267) | 1 | | | |
| *DD* | 0.013 *<br>(0.069) | 0.320 ***<br>(0.000) | 0.034<br>(0.224) | 0.085 ***<br>(0.003) | 0.023<br>(0.409) | 1 | | |
| *GG* | 0.192 ***<br>(0.000) | 0.203 ***<br>(0.000) | 0.092 ***<br>(0.009) | 0.147 ***<br>(0.000) | 0.283 ***<br>(0.000) | 0.031<br>(0.272) | 1 | |
| *SW* | 0.011<br>(0.689) | 0.028<br>(0.318) | 0.097 ***<br>(0.000) | 0.004<br>(0.889) | 0.094 ***<br>(0.001) | 0.085 ***<br>(0.003) | 0.059 *<br>(0.032) | 1 |

注：①括号外为 Pearson 相关性系数，括号内为 P 值；② *** 表示在 0.01 水平上（双尾）显著性相关，** 表示在 0.05 水平上（双尾）显著性相关，* 表示在 0.1 水平上（双尾）显著性相关。样本数为 168。

资料来源：SPSS20.0 Pearson 相关系数矩阵结果。

由表 5.12 可以看出，QFII 持股比例介于 5%～30% 的上市公司董事会治理结构中的董事会规模、董事会年度会议次数、董事会两权分离度、董事长和总经理两职设置、独立董事比例和高管持股比例与公司综合经营绩效显著相关，表明 QFII 持股比例介于 5%～30% 上市公司的董事会治理结构与公司综合经营绩效存在显著的相关关系。但是，董事会“四委”设立个数与公司综合经营绩效的相关关系不显著。由此可见，完善的董事会治理结构有利于提升公司经营绩效，为本书后续的实证研究奠定了基础。

**表 5.13　监事会治理结构与公司综合经营绩效的 Pearson 相关性系数矩阵**

| | *Perf_ H* | *JG* | *JM* |
|---|---|---|---|
| *Perf_ H* | 1 | | |
| *JG* | 0.110***<br>(0.000) | 1 | |
| *JM* | 0.006***<br>(0.006) | 0.052<br>(0.145) | 1 |

注：①括号外为 Pearson 相关性系数，括号内为 P 值；② *** 表示在 0.01 水平上（双尾）显著性相关，** 表示在 0.05 水平上（双尾）显著性相关，* 表示在 0.1 水平上（双尾）显著性相关。样本数为 168。

资料来源：SPSS20.0 Pearson 相关系数矩阵结果。

由表 5.13 可以看出，QFII 持股比例介于 5%～30% 的上市公司监事会治理结构中的监事会规模和监事会年度会议次数与公司综合经营绩效均在 0.01 的水平上显著正相关，表明 QFII 持股比例介于 5%～30% 的上市公司的监事会治理结构与公司经营绩效显著正相关。由此可见，完善的监事会治理结构有利于提升公司经营绩效，为本书后续的实证研究奠定了基础。

#### 5.2.2.3　自变量与中介变量的相关性分析

自变量（*QFII_ H*，*QFII_ ZHD*）与中介变量（董事会治理结构）的 Pearson 相关性系数矩阵及其显著性水平，如表 5.14 所示；自变量（*QFII_ H*，*QFII_ ZHD*）与中介变量（监事会治理结构）的 Pearson 相关性系数矩阵及其显著性水平，如表 5.15 所示。

**表 5.14　QFII 持股比例和 QFII 持股制衡度与董事会治理结构的 Pearson 相关性系数矩阵**

| | *QFII_ H* | *QFII_ ZHD* | *GM* | *DM* | *FL* | *DZ* | *DD* | *GG* | *SW* |
|---|---|---|---|---|---|---|---|---|---|
| *QFII_ H* | 1 | | | | | | | | |
| *QFII_ ZHD* | 0.848***<br>(0.000) | 1 | | | | | | | |
| *GM* | -0.053**<br>(0.045) | -0.008**<br>(0.046) | 1 | | | | | | |

续表

| | QFII_ H | QFII_ ZHD | GM | DM | FL | DZ | DD | GG | SW |
|---|---|---|---|---|---|---|---|---|---|
| DM | 0.033 ** (0.042) | 0.025 ** (0.045) | 0.022 (0.418) | 1 | | | | | |
| FL | 0.028 ** (0.046) | 0.069 ** (0.013) | 0.011 (0.699) | 0.006 (0.835) | 1 | | | | |
| DZ | 0.142 *** (0.000) | 0.134 *** (0.000) | 0.127 *** (0.000) | 0.047 (0.185) | 0.031 (0.267) | 1 | | | |
| DD | 0.037 ** (0.048) | 0.053 ** (0.049) | 0.320 *** (0.000) | 0.034 (0.224) | 0.085 *** (0.003) | 0.023 (0.409) | 1 | | |
| GG | 0.085 *** (0.002) | 0.077 *** (0.005) | 0.203 *** (0.000) | 0.092 *** (0.009) | 0.174 *** (0.000) | 0.283 ** (0.000) | 0.031 (0.272) | 1 | |
| SW | 0.037 ** (0.047) | 0.011 ** (0.048) | 0.028 (0.318) | 0.097 *** (0.000) | 0.004 (0.889) | 0.094 *** (0.001) | 0.085 *** (0.003) | 0.059 ** (0.032) | 1 |

注：①括号外为 Pearson 相关性系数，括号内为 P 值；② *** 表示在 0.01 水平上（双尾）显著性相关，** 表示在 0.05 水平上（双尾）显著性相关，* 表示在 0.1 水平上（双尾）显著性相关。样本数 168。

资料来源：SPSS20.0 Pearson 相关系数矩阵结果。

**表 5.15　QFII 持股比例和 QFII 持股制衡度与监事会治理结构的 Pearson 相关性系数矩阵**

| | QFII_ H | QFII_ ZHD | JG | JM |
|---|---|---|---|---|
| QFII_ H | 1 | | | |
| QFII_ ZHD | 0.848 *** (0.000) | 1 | | |
| JG | -0.098 *** (0.000) | -0.080 *** (0.004) | 1 | |
| JM | 0.025 ** (0.048) | 0.015 ** (0.046) | 0.052 (0.145) | 1 |

注：①括号外为 Pearson 相关性系数，括号内为 P 值；② *** 表示在 0.01 水平上（双尾）显著性相关，** 表示在 0.05 水平上（双尾）显著性相关，* 表示在 0.1 水平上（双尾）显著性相关。样本数为 168。

资料来源：SPSS20.0 Pearson 相关系数矩阵结果。

由表 5.14 可以看出，持股比例介于 5%～30% 的 QFII 持股比例（*QFII_ H*）和持股制衡度（*QFII_ ZHD*）分别在 0.01 和 0.05 的水平上与董事会治理结构的测度指标董事会年度会议次数（*DM*）、董事会两权分离度（*FL*）、董事长和总经理两职设置（*DZ*）、独立董事比例（*DD*）、高管持股比例（*GG*）和董事会“四委”设立个数（*SW*）显著正相关，在 0.05 的水平上与董事会规模（*GM*）显著负相关。由此可见，持股比例介于 5%～30% 的 QFII 持股比例和持股制衡度与董事会治理结构存在显著的相关关系，为本书后续的实证研究奠定了基础。

由表 5.15 可知，持股比例介于 5%～30% 的 QFII 持股比例（*QFII_ H*）和持股制衡度（*QFII_ ZHD*）在 0.01 的水平上与监事会治理结构的测度指标监事会规模（*JG*）显著负相关，在 0.05 的水平上与监事会会议次数（*JM*）显著正相关。由此可见，持股比例介于 5%～30% 的 QFII 持股比例和持股制衡度与监事会治理结构存在显著相关关系，为本书后续的实证研究奠定了基础。

通过上述相关性分析可知，研究变量之间的相关关系显著，表明研究变量之间存在显著的相互影响作用，初步验证了本书提出的研究假设。但是，变量之间的相关性分析只能反映变量之间是否存在相关关系，无法说明变量之间是否存在一定的因果关系。因此，后续研究将采用多元回归分析法、结构方程模型和交互作用分析法等进一步验证变量之间的相互影响关系。

## 5.3 境外机构投资者持股对公司经营绩效的回归分析

### 5.3.1 模型的构建

由表 5.11 自变量和因变量的相关性分析可知，自变量（*QFII_ H* 和 *QFII_ ZHD*）与因变量公司经营绩效测度指标（*ROE*，*TAT*，*Debt*，*Sale* 和 *NVA*）之间存在相关关系，初步验证了本书的研究假设 H1b 和 H1c。但是，为了更准确地分析它们之间的因果关系，需要进行回归分析。马庆国（2009）认为，为了使回归

分析结果更加准确和科学，必须解决多重共线性、异方差和自相关问题。

多重共线性问题是应用回归模型进行研究时经常会遇到的问题，必须恰当解决，才能得出科学的结论，引导正确的决策。所谓多重共线性就是指线性回归模型中的解释变量之间由于存在高度相关关系而使模型估计失真。判断多重共线性问题时，学者们通常采用方差膨胀因子（VIF）。一般来说，VIF 值越大，共线性问题就越严重。当 $0 < VIF < 10$，不存在多重共线性；当 $10 < VIF < 100$，存在较强的多重共线性；当 $VIF > 100$，存在严重的多重共线性。对本节所要研究的回归模型进行 VIF 检验后发现，$0 < VIF < 10$，表明回归模型不存在多重共线性，可以进行回归分析。

所谓异方差问题就是因变量的方差会随着自变量的变化而发生明显的变化趋势。通常可以通过绘制散点图判断回归方程是否存在异方差问题。本书研究中将采用残差项散点图来判断回归方程是否存在异方差问题，从残差项散点图可以看出，残差项散点图上各个点的分布没有规律性，据此可以判断回归模型不存在异方差问题。其中，关于因变量总资产周转率的残差项散点图，如图 5.1 所示。

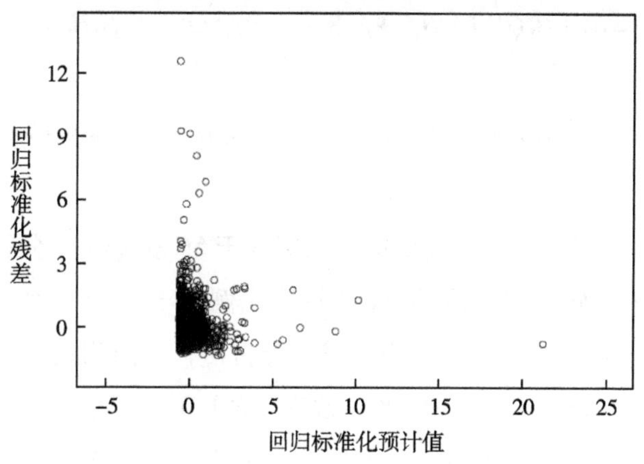


**图 5.1　总资产周转率的残差项散点图**

自相关问题就是指随着不同期的样本值之间存在相关关系，判断回归方程是否存在自相关问题。可以采用 DW 统计量进行检验，一般而言，如果 DW 值在 2 附近，则表明回归模型不存在自相关问题。本书将采用 DW 统计量来检验回归模型是否存在自相关问题，经计算，回归模型的 DW 统计量均在 2 附近，表明回归模型不存在自相关问题。

为了验证 QFII 持股对公司经营绩效的影响，根据本书的研究问题将采用回归分析法进行实证分析，为了使研究结论更准确、更科学，在进行回归分析时将公司规模、控股股东类型和股权集中度作为控制变量。由于各个变量的量纲不同、自身变异或者数值相差较大引起的误差，根据陈晓萍等（2010）的观点，首先需要对变量进行标准化和中心化处理，然后进行回归分析。并且，为了使实证研究结论具有可靠性，对研究变量进行了首尾 1% 的 Winsorize 缩尾处理。

本书实证研究中将选用我国股权分置改革完成后的 2008～2015 年的面板数据，构建持股比例低于 5% 的 QFII 持股比例与公司经营绩效的回归模型（5.1），以及持股比例介于 5%～30% 的 QFII 持股比例和持股制衡度与公司经营绩效的回归模型（5.2）和模型（5.3），分别用于检验第 3 章提出的研究假设 H1a、H1b 和 H1c。由于 QFII 持股与公司经营绩效之间可能会存在内生性影响，为了减少内生性影响，将公司经营绩效采用滞后一期的处理方法。

$$Perf\_L_{i,t+1} = \alpha_i + \beta_1 QFII\_L_{i,t} + \beta_2 Size_{i,t} + \beta_3 State_{i,t} + \beta_4 Herf_{i,t} + \varepsilon_{i,t}$$ 模型（5.1）

$$Perf\_H_{i,t+1} = \alpha_i + \beta_1 QFII\_H_{i,t} + \beta_2 Size_{i,t} + \beta_3 State_{i,t} + \beta_4 Herf_{i,t} + \varepsilon_{i,t}$$

模型（5.2）

$$Perf\_H_{i,t+1} = \alpha_i + \beta_1 QFII\_ZHD_{i,t} + \beta_2 Size_{i,t} + \beta_3 State_{i,t} + \beta_4 Herf_{i,t} + \varepsilon_{i,t}$$

模型（5.3）

模型中，$Perf\_L_{i,t+1}$ 表示 QFII 持股比例低于 5% 的第 $i$ 个公司在（$t+1$）年的公司经营绩效，$Perf\_H_{i,t+1}$ 表示 QFII 持股比例介于 5%～30% 的第 $i$ 个公司在（$t+1$）年的公司经营绩效，分别用主成分分析法计算所得的公司综合经营绩效得分（*Perf_L* 或 *Perf_H*）、净资产收益率（*ROE*）、总资产周转率（*TAT*）、资产负债率（*Debt*）、销售增长率（*Sale*）和每股净资产（*NVA*）表示，分别测度 QFII 持股比例低于 5% 或 QFII 持股比例介于 5%～30% 的公司综合经营绩效、盈利能力状况、资产质量状况、债务风险状况、经营增长状况和股本扩张能力；$QFII\_L_{i,t}$ 表示 QFII 持股比例低于 5% 的第 $i$ 个公司在 $t$ 年的 QFII 持股比例，用 QFII 持股数占公司总股本数的比值表示；$QFII\_H_{i,t}$ 表示 QFII 持股比例介于 5%～30% 的第 $i$ 个公司在 $t$ 年的 QFII 持股比例，用 QFII 持股数占公司总股本数的比值表示；$QFII_ZHD_{i,t}$表示 QFII 持股比例介于5%～30%的第 $i$ 个公司在 $t$ 年的 QFII 持股制衡度，用 QFII 持股数占公司第一大股东持股比例的比值表示；$Size_{i,t}$表示第 $i$ 个公司在 $t$ 年的公司规模，用公司年末总资产的自然对数表示；$State_{i,t}$表示第 $i$ 个公司在 $t$ 年的控股股东类型，当国有控股公司时为1，否则为0；$Herf_{i,t}$表示第 $i$ 个公司在 $t$ 年的股权集中度，用公司第一大股东的持股比例来表示；$a_i$ 表示随机变量；$\varepsilon_{i,t}$表示随机误差项；$i=1$，2，3，…，168 或 1331；$t=$ 2008，2009，…，2015。

### 5.3.2 回归分析结果

由于研究中涉及的被解释变量公司经营绩效包含五个维度，分别是盈利能力状况、资产质量状况、债务风险状况、经营增长状况和股本扩张能力，同时，再将主成分分析法所得出的公司综合经营绩效作为被解释变量。因此，需要对不同维度的公司经营绩效分别进行回归，分析持股比例低于5%的 QFII 持股比例对公司经营绩效的影响，以及持股比例介于5%～30%的 QFII 持股比例和持股制衡度对公司经营绩效的影响，分别用于检验研究假设 H1a、H1b 和 H1c。

首先，对持股比例低于5%的 QFII 持股比例，以及持股比例介于5%～30%的 QFII 持股比例和持股制衡度这三个解释变量进行中心化处理；然后，把中心化处理后的解释变量与中心化处理后的控制变量（公司规模、控股股东类型和股权集中度）以及公司综合经营绩效和公司经营绩效的五个测量维度分别进行回归分析。其中，持股比例低于5%的 QFII 持股比例与公司经营绩效的回归结果如表5.16（a）所示；持股比例介于5%～30%的 QFII 持股比例和持股制衡度与公司经营绩效的回归结果如表5.16（b）所示。

由表5.16（a）可知，0 < VIF < 10，表明回归模型不存在多重共线性。F 统计量均不显著，表明解释变量与被解释变量之间的相关关系不显著，即持股比例低于5%的 QFII 持股比例与公司经营绩效的相关关系不显著。持股比例低于5%的 QFII 持股比例对公司综合经营绩效（*Perf_L*）、净资产收益率（*ROE*）、总资产周转率（*TAT*）、资产负债率（*Debt*）、销售增长率（*Sale*）以及股本扩张能力（*NVA*）的影响作用均不显著。由上述分析可知，持股比例低于5%的 QFII 持股比例不会对公司经营绩效产生显著的影响作用。研究假设 H1a 得到验证。

**表 5.16（a） 持股比例低于 5%的 QFII 持股比例与公司经营绩效的回归分析**

| | | 因变量 | | | | | |
|---|---|---|---|---|---|---|---|
| | | *Perf_ L* | *ROE* | *TAT* | *Debt* | *Sale* | *NVA* |
| 自变量 | *QFII_ L* | 0.015<br>(0.584) | 0.034<br>(0.222) | 0.005<br>(0.863) | -14.912<br>(0.545) | 0.002<br>(0.923) | 0.038<br>(0.227) |
| 控制变量 | *Size* | 0.205***<br>(0.000) | 1.685***<br>(0.000) | 0.029**<br>(0.017) | -6.773<br>(0.828) | -0.772<br>(0.200) | 0.356***<br>(0.000) |
| | *State* | 0.015<br>(0.584) | 3.824*<br>(0.095) | 0.076<br>(0.210) | -56.535<br>(0.721) | 0.320<br>(0.916) | 0.055<br>(0.843) |
| | *Herf* | 0.049<br>(0.746) | 0.056<br>(0.184) | 0.001<br>(0.785) | -0.878<br>(0.762) | 0.008<br>(0.890) | 0.012**<br>(0.015) |
| $R^2$ | | 0.027 | 0.027 | 0.017 | 0.020 | 0.019 | 0.057 |
| 调整 $R^2$ | | 0.024 | 0.024 | 0.014 | 0.016 | 0.016 | 0.054 |
| F 统计量 | | 0.276<br>(0.865) | 0.169<br>(0.937) | 0.185<br>(0.854) | 0.157<br>(0.960) | 0.172<br>(0.982) | 0.162<br>(0.928) |
| VIF 最大值 | | 1.126 | 1.125 | 1.012 | 1.015 | 1.017 | 1.124 |

注：①* 表示 p<0.1，** 表示 p<0.05，*** 表示 p<0.01；②括号内为显著性水平。

资料来源：根据 SPSS20.0 回归分析结果。

**表 5.16（b） 持股比例介于 5%~30%的 QFII 持股比例与公司经营绩效的回归分析**

| 模型（5.2） | | | | | | | |
|---|---|---|---|---|---|---|---|
| | | 因变量 | | | | | |
| | | *Perf_ H* | *ROE* | *TAT* | *Debt* | *Sale* | *NVA* |
| 自变量 | *QFII_ H* | 0.029***<br>(0.007) | 1.460***<br>(0.000) | 0.015**<br>(0.025) | -14.912<br>(0.545) | 1.431***<br>(0.003) | 0.202***<br>(0.000) |
| 控制变量 | *Size* | 0.205***<br>(0.000) | 1.685***<br>(0.000) | 0.029**<br>(0.017) | -6.773<br>(0.828) | -0.772<br>(0.200) | 0.356***<br>(0.000) |
| | *State* | 0.015<br>(0.584) | 3.824*<br>(0.095) | 0.076<br>(0.210) | -56.535<br>(0.721) | 0.320<br>(0.916) | 0.055<br>(0.843) |
| | *Herf* | 0.049**<br>(0.046) | 0.056**<br>(0.048) | 0.001<br>(0.785) | -0.878<br>(0.762) | 0.008<br>(0.890) | 0.012**<br>(0.015) |

续表

| 模型（5.2） | | | | | | | |
|---|---|---|---|---|---|---|---|
| | | 因变量 | | | | | |
| | | *Perf_ H* | *ROE* | *TAT* | *Debt* | *Sale* | *NVA* |
| $R^2$ | | 0.042 | 0.027 | 0.027 | 0.020 | 0.029 | 0.057 |
| 调整 $R^2$ | | 0.040 | 0.024 | 0.024 | 0.017 | 0.026 | 0.054 |
| F 统计量 | | 8.971 ***<br>(0.000) | 8.970 ***<br>(0.000) | 2.282 *<br>(0.059) | 0.157 *<br>(0.960) | 2.912 **<br>(0.021) | 19.899 ***<br>(0.000) |
| VIF 最大值 | | 1.013 | 1.017 | 1.015 | 1.015 | 1.017 | 1.015 |
| 模型（5.3） | | | | | | | |
| | | 因变量 | | | | | |
| | | *Perf_ H* | *ROE* | *TAT* | *Debt* | *Sale* | *NVA* |
| 自变量 | *QFII_ ZHD* | 0.071 ***<br>(0.009) | 31.360 ***<br>(0.000) | 0.515 **<br>(0.023) | -337.251<br>(0.567) | 24.609 **<br>(0.030) | 3.150 ***<br>(0.002) |
| 控制变量 | *Size* | 0.207 ***<br>(0.000) | 1.491 **<br>(0.031) | 0.026 **<br>(0.027) | -4.686<br>(0.880) | -0.964<br>(0.191) | 0.333 ***<br>(0.000) |
| | *State* | 0.016<br>(0.549) | 3.802 *<br>(0.098) | 0.078<br>(0.203) | -56.648<br>(0.721) | 0.179<br>(0.953) | 0.040<br>(0.886) |
| | *Herf* | 0.054 **<br>(0.046) | 0.099 **<br>(0.026) | 0.001<br>(0.691) | -1.372<br>(0.656) | 0.038<br>(0.521) | 0.016 ***<br>(0.003) |
| $R^2$ | | 0.049 | 0.024 | 0.029 | 0.020 | 0.026 | 0.048 |
| 调整 $R^2$ | | 0.046 | 0.021 | 0.026 | 0.017 | 0.023 | 0.045 |
| F 统计量 | | 8.765 ***<br>(0.000) | 8.206 ***<br>(0.000) | 2.995 **<br>(0.018) | 0.147 **<br>(0.046) | 1.860 **<br>(0.045) | 16.671 ***<br>(0.000) |
| VIF 最大值 | | 1.213 | 1.264 | 1.266 | 1.266 | 1.264 | 1.265 |

注：①*表示 $p<0.1$，**表示 $p<0.05$，***表示 $p<0.01$；②括号内为显著性水平。

资料来源：根据 SPSS20.0 回归分析结果。

由表5.16（b）可以看出，模型（5.2）和模型（5.3）中 $0<VIF<10$，表明模型（5.2）和模型（5.3）均不存在多重共线性问题；回归结果的 F 统计量均在0.01和0.05的水平上显著，表明模型中的解释变量与被解释变量在总体上是显著的，即持股比例介于5%～30%的 QFII 持股比例和持股制衡度与公司经营

绩效的相关关系在总体上是显著的。回归结果的具体分析如下：

（1）持股比例介于5%~30%的QFII持股比例（*QFII_ H*）（b=0.029，$p<0.01$）和持股制衡度（*QFII_ ZHD*）（b=0.071，$p<0.01$）均在0.01的水平上对公司综合经营绩效（*Perf_ H*）具有显著的正向影响作用，表明持股比例介于5%~30%的QFII持股比例和持股制衡度越高，公司的综合经营绩效就越好。也就是说，持股比例介于5%~30%的QFII持股有利于改善公司治理结构，提高公司综合经营绩效。该研究结论验证了研究假设H1b和H1c。

（2）持股比例介于5%~30%的QFII持股比例（*QFII_ H*）（b=1.460，$p<0.01$）和持股制衡度（*QFII_ ZHD*）（b=31.360，$p<0.01$）均在0.01的水平上对公司净资产收益率（*ROE*）具有显著的正向影响作用，表明持股比例介于5%~30%的QFII持股比例和持股制衡度越高，参与公司治理的动力和能力就越强，有利于提高公司的盈利能力状况；持股比例介于5%~30%的QFII持股比例（*QFII_ H*）（b=0.015，$p<0.05$）和持股制衡度（*QFII_ ZHD*）（b=0.515，$p<0.05$）均在0.05的水平上对公司总资产周转率（*TAT*）具有显著的正向影响作用，表明持股比例介于5%~30%的QFII持股比例和持股制衡度越高，上市公司的资产利用效率就越高，有利于提高公司的资产质量状况；持股比例介于5%~30%的QFII持股比例（*QFII_ H*）（b=1.431，$p<0.01$）和持股制衡度（*QFII_ ZHD*）（b=24.609，$p<0.05$）分别在0.01和0.05的水平上对公司销售增长率（*Sale*）具有显著的正向影响作用，表明持股比例介于5%~30%的QFII持股比例和持股制衡度越高，越有利于提高公司的经营增长状况；持股比例介于5%~30%的QFII持股比例（*QFII_ H*）（b=0.202，$p<0.01$）和持股制衡度（*QFII_ ZHD*）（b=3.150，$p<0.01$）均在0.01的水平上对公司的每股净资产（*NVA*）具有显著的正向影响作用，表明持股比例介于5%~30%的QFII持股有利于提高公司的股本扩张能力，进而提高公司经营绩效。上述研究结论进一步验证了研究假设H1b和H1c。但是，持股比例介于5%~30%的QFII持股比例（*QFII_ H*）和持股制衡度（*QFII_ ZHD*）对公司资产负债率（*Debt*）的影响作用不显著，主要是因为公司资产负债率的高低取决于公司的规模和控股股东的性质等因素，并且公司的资产负债率并不是越大越好，而是应该控制在一定的范围内，因此QFII持股比例对公司资产负债率的影响作用不显著。

（3）公司规模（*Size*）与公司综合经营绩效（*Perf_ H*）在 0.01 的水平上显著正相关，表明公司规模越大，公司综合经营绩效就越好；公司规模（*Size*）与净资产收益率（*ROE*）、总资产周转率（*TAT*）和每股净资产（*NVA*）均显著正相关，表明公司规模越大，上市公司的盈利能力状况、资产质量状况和股本扩张能力就越强；由于企业的销售增长率（*Sale*）主要取决于企业产品所处的生命周期，与公司规模（*Size*）的大小没有直接的关系，因此公司规模对销售增长率的影响作用不显著。并且，资产负债率（*Debt*）不仅与公司规模（*Size*）有关，还受控股股东的类型等其他因素影响，因此公司规模与资产负债率的相关关系不显著。公司经营绩效主要是由公司治理状况决定的，与控股股东的类型（*State*）（国有控股还是非国有控股）没有直接的相关关系，因此，控股股东类型与公司综合经营绩效的相关关系不显著。股权集中度（*Herf*）与公司综合经营绩效（*Perf_ H*）、净资产收益率（*ROE*）和每股净资产（*NVA*）均在 0.05 的水平上显著正相关，表明股权集中度越高，公司综合经营绩效就越好，并且公司的盈利能力状况和股本扩张能力也越好，该研究结论与大多数学者的研究结论一致。

## 5.4 公司治理结构中介作用的多元回归分析

前文实证研究表明，持股比例介于 5%～30% 的 QFII 持股比例越高，公司经营绩效就越好，即 QFII 持股会对公司经营绩效产生积极的促进作用。那么，QFII 持股对公司经营绩效的影响作用到底是因为其本身就具有公司治理效应，还是通过某种路径对公司经营绩效产生影响？目前学者们的研究仅停留在 QFII 持股与公司经营绩效的简单关系层面上，忽略了 QFII 持股对公司经营绩效影响的深层作用机理和传导机制，从而使 QFII 持股与公司经营绩效之间的关系仍旧是一个“黑箱”。QFII 持股到底是通过何种路径或传导机制对公司经营绩效产生影响？董事会治理结构和监事会治理结构是否在 QFII 持股与公司经营绩效之间起着中介传导作用？现有学者的研究并未给出二者之间关系的深层次实证检验。

鉴于此，本节将根据第 3 章的理论研究，将 QFII 持股比例、董事会治理结构和监事会治理结构以及公司经营绩效纳入一个统一的分析框架，构建 QFII 持股通过影响董事会治理结构和监事会治理结构最终作用于公司经营绩效的中介作用检验模型。分析董事会治理结构和监事会治理结构在 QFII 持股比例与公司经营绩效关系中所起的中介作用，以期揭示 QFII 持股对公司经营绩效影响的作用路径和传导机制。也就是说，根据第 3 章的理论分析，本节将通过实证研究法检验 QFII 持股是否通过影响上市公司的董事会治理结构和监事会治理结构，进而对公司经营绩效产生影响。

在检验董事会治理结构和监事会治理结构是否为 QFII 持股影响公司经营绩效的中介作用时，根据第 4 章数据分析方法中介绍的中介作用检验法，主要分为以下三个检验步骤：第一，检验自变量的变化是否显著影响因变量的变化，也就是检验 QFII 持股是否显著影响公司经营绩效；第二，检验自变量的变化是否显著影响中介变量的变化，即检验传导路径，也就是检验 QFII 持股是否显著影响董事会治理结构和监事会治理结构；第三，当控制中介变量后，检验自变量对因变量的影响是否等于零或者显著降低，也就是检验 QFII 持股对公司经营绩效的影响是否通过显著影响董事会治理结构和监事会治理结构来实现。

基于上述分析，构建中介作用检验模型（5.4）、模型（5.5）和模型（5.6）。模型（5.4）是以 QFII 持股比例为解释变量，公司经营绩效为被解释变量；模型（5.5）是以 QFII 持股比例为解释变量，董事会治理结构和监事会治理结构为被解释变量；模型（5.6）是以公司经营绩效为被解释变量，在模型（5.5）的基础上加入了董事会治理结构和监事会治理结构。

$$Perf\_\ H_{i,t+1} = \beta_0 + \beta_1 QFII\_\ H_{i,t} + \beta_2 Size_{i,t} + \beta_3 State_{i,t} + \beta_4 Herf_{i,t} + \varepsilon_{i,t}$$

模型（5.4）

$$Gov_{i,t+1} = \gamma_0 + \gamma_1 QFII\_\ H_{i,t} + \gamma_2 Size_{i,t} + \gamma_3 State_{i,t} + \gamma_4 Herf_{i,t} + \varepsilon_{i,t}$$ 模型（5.5）

$$Perf\_\ H_{i,t+1} = \delta_0 + \delta_1 QFII\_\ H_{i,t} + \delta_2 Gov_{i,t} + \delta_3 Size_{i,t} + \delta_4 State + \delta_5 Herf_{i,t} + \varepsilon_{i,t}$$

模型（5.6）

其中，$Perf_\ H_{i,t+1}$表示 QFII 持股比例介于 5%～30%的第 $i$ 个公司在（$t+1$）年的公司经营绩效，用主成分分析法计算所得的综合经营绩效（$Perf\_\ H$）进行

测度；$QFII_H_{i,t}$表示持股比例介于5%~30%的第$i$个公司在$t$年的QFII持股比例；$GOV_{i,t}$表示第$i$个公司在$t$年的公司治理结构，分别从董事会治理结构和监事会治理结构等两个方面衡量；$Size_{i,t}$表示第$i$个公司在$t$年的公司规模，用公司年末总资产的自然对数表示；$State_{i,t}$表示第$i$个公司在$t$年的控股股东类型，当国有控股公司时为1，否则为0；$Herf_{i,t}$表示上市公司的股权集中度，用第一大股东持股比例来表示；$a_i$表示随机变量；$\varepsilon_{i,t}$表示随机误差项；$i=1, 2, 3, \cdots, 168$；$t=2008, 2009, \cdots, 2015$。

### 5.4.1 境外机构投资者持股、董事会治理结构与公司经营绩效

QFII持股对公司经营绩效的影响，是否通过上市公司的董事会治理结构进行传递的？根据本书的理论研究，构建QFII持股通过董事会治理结构作用于公司经营绩效的中介作用模型。并且，基于第4章对董事会治理结构采用的七个测度指标，董事会治理结构中介作用的检验有以下七条路径假设：

QFII持股比例→董事会规模→经营绩效　　路径1

QFII持股比例→董事会会议次数→经营绩效　　路径2

QFII持股比例→两权分离度→经营绩效　　路径3

QFII持股比例→董事长和总经理两职设置→经营绩效　　路径4

QFII持股比例→独立董事比例→经营绩效　　路径5

QFII持股比例→高管持股比例→经营绩效　　路径6

QFII持股比例→四委设立个数→经营绩效　　路径7

根据上述七条路径假设，分别以董事会规模、董事会年度会议次数、董事会两权分离度、董事长和总经理两职设置、独立董事比例、高管持股比例和董事会“四委”设立个数为董事会治理结构的代理变量，实证检验董事会治理结构是否为QFII持股影响公司经营绩效的中介作用。构建实证检验模型如下：

$$DSH_{i,t+1}=\gamma_0+\gamma_1 QFII\_H_{i,t}+\gamma_2 Size_{i,t}+\gamma_3 State_{i,t}+\gamma_4 Herf_{i,t}+\varepsilon_{i,t} \quad \text{模型（5.7）}$$

$$Perf\_H_{i,t+1}=\delta_0+\delta_1 QFII\_H_{i,t}+\delta_2 DSH_{i,t}+\delta_3 Size_{i,t}+\delta_4 State_{i,t}+\delta_5 Herf_{i,t}+\varepsilon_{i,t} \quad \text{模型（5.8）}$$

其中，$Perf_H_{i,t+1}$为QFII持股比例介于5%~30%的公司经营绩效，用主成分分析法计算所得的公司综合经营绩效测度；$QFII_H_{i,t}$为持股比例介于5%~

30%的QFII持股比例；$Size_{i,t}$为公司规模，用公司年末总资产的自然对数表示；$State_{i,t}$为控股股东类型，当国有控股公司时为1，否则为0；$Herf_{i,t}$为上市公司的股权集中度，用公司第一大股东的持股比例来表示；$DSH_{i,t}$为董事会治理结构，分别用董事会规模（*GM*）、董事会年度会议次数（*DM*）、董事会两权分离度（*FL*）、董事长和与总经理两职设置（*DZ*）、独立董事比例（*DD*）、高管持股比例（*GG*）和董事会“四委”设立个数（*SW*）表示。

董事会治理结构中介作用的检验结果，如表5.17（a）、表5.17（b）所示。

**表5.17（a）　董事会治理结构中介作用的检验结果**

| 被解释变量 | *Perf_ H* | *GM* | *Perf_ H*（*GM*） | *DM* | *Perf_ H*（*DM*） | *FL* | *Perf_ H*（*FL*） | *DZ* | *Perf_ H*（*DZ*） |
|---|---|---|---|---|---|---|---|---|---|
| 模型 | 模型（5.4） | 模型（5.7） | 模型（5.8） | 模型（5.7） | 模型（5.8） | 模型（5.7） | 模型（5.8） | 模型（5.7） | 模型（5.8） |
| | （1） | （2） | （3） | （4） | （5） | （6） | （7） | （8） | （9） |
| *QFII_ H* | 0.029***<br>（0.007） | -0.003<br>（0.329） | 1.452<br>（0.108） | 0.007<br>（0.193） | 0.028***<br>（0.000） | 0.105**<br>（0.040） | 0.024***<br>（0.000） | 0.026***<br>（0.000） | 0.028***<br>（0.000） |
| *GM* | | | 0.987*<br>（0.080） | | | | | | |
| *DM* | | | | | 3.424**<br>（0.048） | | | | |
| *FL* | | | | | | | 0.120**<br>（0.047） | | |
| *DZ* | | | | | | | | | 2.223<br>（0.195） |
| *Size* | 0.205***<br>（0.000） | 0.039***<br>（0.000） | 1.802***<br>（0.000） | 0.023***<br>（0.002） | 1.771***<br>（0.000） | -0.580***<br>（0.000） | 1.720***<br>（0.000） | -0.037***<br>（0.000） | 1.801***<br>（0.000） |
| *State* | 0.015<br>（0.584） | 0.037**<br>（0.045） | 3.934*<br>（0.087） | -0.016<br>（0.653） | 3.752*<br>（0.092） | 4.382***<br>（0.000） | 3.482<br>（0.157） | -0.031<br>（0.412） | 3.843*<br>（0.098） |
| *Herf* | 0.049**<br>（0.046） | -0.001**<br>（0.029） | 0.054<br>（0.202） | -0.001**<br>（0.028） | 0.050<br>（0.239） | 0.051***<br>（0.001） | 0.063<br>（0.158） | -0.001<br>（0.156） | 0.058<br>（0.174） |
| $R^2$ | 0.042 | 0.084 | 0.027 | 0.010 | 0.029 | 0.036 | 0.028 | 0.046 | 0.028 |

续表

| 被解释变量 | Perf_ H | GM | Perf_ H (GM) | DM | Perf_ H (DM) | FL | Perf_ H (FL) | DZ | Perf_ H (DZ) |
|---|---|---|---|---|---|---|---|---|---|
| F | 18.902 *** (0.000) | 30.407 *** (0.000) | 7.329 *** (0.000) | 3.260 ** (0.011) | 7.933 *** (0.000) | 11.906 *** (0.000) | 7.214 *** (0.000) | 15.773 *** (0.000) | 7.441 *** (0.000) |
| DW | 1.850 | 1.896 | 1.990 | 1.869 | 2.001 | 1.979 | 1.994 | 1.946 | 1.993 |

注：①*表示 p<0.1，**表示 p<0.05，***表示 p<0.01；②括号内为显著性水平。
资料来源：根据 SPSS20.0 回归分析结果整理。

**表 5.17（b） 董事会治理结构中介作用的检验结果**

| 被解释变量 | Perf_ H | DD | Perf_ H (DD) | GG | Perf_ H (GG) | SW | Perf_ H (SW) |
|---|---|---|---|---|---|---|---|
| 模型 | 模型（5.4） | 模型（5.7） | 模型（5.8） | 模型（5.7） | 模型（5.8） | 模型（5.7） | 模型（5.8） |
| | (1) | (2) | (3) | (4) | (5) | (6) | (7) |
| QFII_ H | 0.029 *** (0.007) | 0.001 ** (0.044) | 0.025 (0.307) | 0.004 * (0.089) | 1.416 *** (0.000) | 0.006 ** (0.032) | 1.455 *** (0.000) |
| DD | | | 1.967 * (0.086) | | | | |
| GG | | | | | 11.220 ** (0.011) | | |
| SW | | | | | | | 0.234 (0.946) |
| Size | 0.205 *** (0.000) | 0.003 *** (0.009) | 1.682 *** (0.000) | −0.033 *** (0.000) | 2.055 *** (0.000) | −0.012 *** (0.001) | 1.699 *** (0.000) |
| State | 0.015 (0.584) | −0.008 (0.181) | 3.916 * (0.091) | −0.061 *** (0.000) | 4.506 ** (0.050) | −0.063 *** (0.001) | 3.826 * (0.097) |
| Herf | 0.049 ** (0.046) | 0.001 *** (0.000) | 0.055 (0.192) | −0.001 * (0.052) | 0.062 (0.143) | −0.001 *** (0.003) | 0.055 (0.194) |
| $R^2$ | 0.042 | 0.024 | 0.027 | 0.134 | 0.031 | 0.032 | 0.027 |
| F | 18.902 *** (0.000) | 8.082 *** (0.000) | 7.151 *** (0.000) | 51.225 *** (0.000) | 8.492 *** (0.000) | 10.984 *** (0.000) | 7.138 *** (0.000) |
| DW | 1.850 | 1.830 | 1.990 | 1.812 | 1.986 | 1.898 | 1.991 |

注：①*表示 p<0.1，**表示 p<0.05，***表示 p<0.01；②括号内为显著性水平。
资料来源：根据 SPSS20.0 回归分析结果整理。

表5.17（a）中，第（1）列是以持股比例介于5%～30%的QFII持股比例（*QFII_ H*）为解释变量，公司综合经营绩效（*Perf_ H*）为被解释变量的模型（5.4）的回归结果；第（2）列、第（4）列、第（6）列、第（8）列是以持股比例介于5%～30%的QFII持股比例（*QFII_ H*）为解释变量，分别以董事会规模（*GM*）、董事会年度会议次数（*DM*）、董事会两权分离度（*FL*）、董事长和总经理两职设置（*DZ*）为被解释变量的模型（5.7）的回归结果；第（3）列、第（5）列、第（7）列、第（9）列是以持股比例介于5%～30%的QFII持股比例（*QFII_ H*）为解释变量，分别加入中介变量董事会规模（*GM*）、董事会年度会议次数（*DM*）、董事会两权分离度（*FL*）、董事长和总经理两职设置（*DZ*）后的模型（5.8）的回归结果。

由表5.17（a）可以看出，中介作用检验模型的DW值均在2附近，说明回归模型不存在自相关问题，并且，回归结果的F统计量均在0.01的水平上显著，表明模型中的解释变量与被解释变量在总体上都是显著的。中介作用检验的具体分析如下：

第（1）列中，持股比例介于5%～30%的QFII持股比例（*QFII_ H*）的回归系数在0.01的水平上显著为正，与5.3节的回归分析结果相同。第（2）列中，持股比例介于5%～30%的QFII持股比例（*QFII_ H*）对董事会规模（*GM*）的回归系数不显著，但第（3）列中，董事会规模（*GM*）的回归系数在0.1的水平上显著为正，表明董事会规模越大，公司经营绩效就越好。按照温忠麟等的做法，需要进行Sobel检验。

对董事会规模（*GM*）的中介作用进行Sobel检验，根据Sobel检验公式，检验统计量Z值的计算如下：

$$Z = \frac{\hat{a}\hat{b}}{\sqrt{\hat{a}^2 s_b^2 + \hat{b}^2 s_a^2}}$$

式中，$s_a$、$s_b$分别是$\hat{a}$和$\hat{b}$的标准误。按照Sobel公式，检验统计量$Z$值的显著性水平0.05对应的临界值是0.97。根据Sobel检验公式，对董事会规模（*GM*）的中介作用进行Sobel检验，检验统计量Z值为0.693，小于0.97，即$Z$统计量不显著，表明董事会规模（*GM*）的中介作用不显著，即董事会规模不是持股比例介于5%~30%的QFII持股影响公司经营绩效的中介作用，即研究假设H2a未通过实证检验。

第（4）列中，持股比例介于5%~30%的QFII持股比例（*QFII_ H*）对董事会年度会议次数（*DM*）的回归系数不显著，但第（5）列中，董事会年度会议次数（*DM*）的回归系数在0.05的水平上显著为正，表明董事会年度会议次数越多，公司经营决策效率就越高，从而有利于提高公司经营绩效。按照温忠麟等的做法，需要进行Sobel检验。根据Sobel检验公式，对董事会年度会议次数（*DM*）中介作用进行Sobel检验，检验统计量Z值为0.988，大于0.97，即Z统计量显著。同时，第（5）列与第（1）列相比，QFII持股比例（*QFII_ H*）的回归系数在变小，即显著性在降低。基于上述分析，董事会年度会议次数（*DM*）的中介作用显著，即董事会年度会议次数（*DM*）是持股比例介于5%~30%的QFII持股影响公司经营绩效的中介作用，它起到了QFII持股影响公司经营绩效的传导作用，研究假设H2b通过实证检验。

第（6）列中，持股比例介于5%~30%的QFII比例（*QFII_ H*）对董事会两权分离度（*FL*）的回归系数在0.05的水平上显著为正，表明QFII持股比例越高，所有权和控制权的分离程度就越大。第（7）列中，董事会两权分离度（*FL*）的回归系数在0.05的水平上显著为正，表明公司所有权和控制权的分离程度越大，越有利于降低“内部人控制”现象，提高公司经营绩效。董事会两权分离度（*FL*）是否在QFII持股与公司经营绩效之间存在中介作用，采用依次检验法进行实证分析，通过观察各变量回归系数的显著性可知，董事会两权分离度（*FL*）存在部分中介作用。进一步检验，第（7）列中持股比例介于5%~30%的QFII持股比例（*QFII_ H*）的回归系数与第（1）列相比有所减少，即显著性降低。由此可见，董事会两权分离度是持股比例介于5%~30%的QFII持股影响公司经营绩效的中介作用，它起到了QFII持股影响公司经营绩效的传导作用，研究假设H2c通过了实证检验。

第（8）列中，持股比例介于5%~30%的QFII持股比例（*QFII_ H*）对董事长和总经理两职设置（*DZ*）的回归系数在0.01的水平上显著正相关，表明随着QFII持股比例的增加，会加大对董事长和总经理两职设置情况的监督。但是第（9）列中，董事长和总经理两职设置（*DZ*）的回归系数不显著。按照温忠麟等的做法，需要进行 Sobel 检验。根据 Sobel 检验公式，对董事长和总经理两职设置（*DZ*）的中介作用进行 Sobel 检验，检验统计量 Z 值为 0.987，大于 0.97，即 Z 统计量显著。进一步检验发现，第（9）列中持股比例介于 5% ~ 30% 的 QFII 持股比例（*QFII_ H*）的回归系数与第（1）列相比有所减小，即显著性降低。由此可知，董事长和总经理两职设置（*DZ*）是持股比例介于 5% ~ 30% 的 QFII 持股影响公司经营绩效的中介作用，它起到了 QFII 持股影响公司经营绩效的传导作用，研究假设 H2d 通过了实证检验。

表5.17（b）中，第（1）列是以持股比例介于 5% ~ 30% 的 QFII 持股比例（*QFII_ H*）为解释变量，公司综合经营绩效（*Perf_ H*）为被解释变量的模型（5.4）的回归结果；第（2）列、第（4）列、第（6）列是以持股比例介于 5% ~ 30% 的 QFII 持股比例（*QFII_ H*）为解释变量，分别以独立董事比例（*DD*）、高管持股比例（*GG*）、董事会“四委”设立个数（*SW*）为被解释变量的模型（5.7）的回归结果；第（3）列、第（5）列、第（7）列是以持股比例介于5% ~ 30% 的QFII 持股比例（*QFII_ H*）为解释变量，分别加入中介变量独立董事比例（*DD*）、高管持股比例（*GG*）以及董事会“四委”设立个数（*SW*）后的模型（5.8）的回归结果。

由表5.17（b）可以看出，中介作用检验模型的 DW 值均在 2 附近，说明回归模型不存在自相关问题，并且，回归结果的 F 统计量均在 0.01 的水平上显著，表明模型中的解释变量与被解释变量在总体上都是显著的。中介作用检验的具体分析如下：

第（1）列中，持股比例介于 5% ~ 30% 的 QFII 持股比例（*QFII_ H*）的回归系数在 0.01 的水平上显著为正，与 5.3 节的回归分析结果相同。第（2）列中，持股比例介于 5% ~ 30% 的 QFII 持股比例（*QFII_ H*）对独立董事比例（*DD*）的回归系数在 0.05 的水平上显著为正，表明随着 QFII 持股比例的增加，会加大对上市公司独立董事制度的监督，提高独立董事比例。第（3）列中，持股比例介于 5% ~ 30% 的 QFII 持股比例（*QFII_ H*）的回归系数不显著，但是独立董事比例与公司经营绩效的回归系数在 0.1 的水平上显著正相关，表明上市公司中独立董事所占比重越多，越有利于提高董事会决策的独立性和客观性，从而有利于公司经营绩效的提升。因此，通过依次检验法观察各变量的显著性可知，独立董事比例（*DD*）存在完全中介作用显著，同时，第（3）列与第（1）列相比，QFII 持股比例（*QFII_ H*）的回归系数在变小，即显著性在降低。基于上述分析，独立董事比例是持股比例介于 5%～30% 的 QFII 持股影响公司经营绩效的中介作用，它起到了 QFII 持股影响公司经营绩效的传导作用，研究假设 H2e 通过了实证检验。

第（4）列中，持股比例介于 5%～30% 的 QFII 持股比例（*QFII_ H*）对高管持股比例（*GG*）的回归系数在 0.1 的水平上显著正相关，表明 QFII 持股比例越高，对上市公司高管持股比例的监督力度越大，从而有利于促进对高管的股权激励。第（5）列中，高管持股比例（*GG*）的回归系数在 0.05 的水平上显著为正，表明上市公司高管持股比例越大，公司经营绩效就越好。并且，介入高管持股比例后，持股比例介于 5%～30% 的 QFII 持股比例（*QFII_ H*）与公司经营绩效的回归系数仍旧显著，表明高管持股比例（*GG*）的中介作用显著，即高管持股比例是持股比例介于 5%～30% 的 QFII 持股影响公司经营绩效的中介作用，它起到了 QFII 持股影响公司经营绩效的传导作用，研究假设 H2f 通过了实证检验。

第（6）列中，持股比例介于 5%～30% 的 QFII 持股比例（*QFII_ H*）对董事会“四委”设立个数（*SW*）的回归系数在 0.05 的水平上显著正相关，表明随着 QFII 持股比例的增加，会加大对上市公司的监督，提高董事会“四委”设立个数。但是第（7）列中，董事会“四委”设立个数（*SW*）的回归系数不显著，按照温忠麟等的做法，需要进行 Sobel 检验。根据 Sobel 检验公式，对董事会“四委”设立个数（*SW*）的中介作用进行 Sobel 检验，检验统计量 Z 值为 0.886，小于 0.97，即 Z 统计量不显著。由此可见，董事会“四委”设立个数（*SW*）的中介作用不显著，即董事会“四委”设立个数（*SW*）不是持股比例介于 5%～30% 的 QFII 持股影响公司经营绩效的中介作用，它没有起到 QFII 持股影响公司经营绩效的传导作用，研究假设 H2g 未通过实证检验。

### 5.4.2 境外机构投资者持股、监事会治理结构与公司经营绩效

QFII 持股对公司经营绩效的影响，是否通过上市公司的监事会治理结构进行传递的？根据本书的理论研究，构建 QFII 持股通过监事会治理结构作用于公司经营绩效的中介作用模型。并且，基于第 4 章对监事会治理结构采用的两个测度

指标，监事会治理结构中介作用的检验有以下两条路径假设：

QFII→监事会规模→经营绩效　　　　路径 1

QFII→监事会会议次数→经营绩效　　　　路径 2

根据上述两条路径假设，分别以监事会规模和监事会年度会议次数为监事会治理结构的代理变量，实证检验监事会治理结构是否为 QFII 持股影响公司经营绩效的中介作用。构建实证检验模型如下：

$$JSH_{i,t+1} = \gamma_0 + \gamma_1 QFII\_\ H_{i,t} + \gamma_2 Size_{i,t} + \gamma_3 State_{it} + \gamma_4 Herf_{i,t} + \varepsilon_{i,t}$$ 模型（5.9）

$$Perf\_\ H_{i,t+1} = \delta_0 + \delta_1 QFII\_\ H_{i,t} + \delta_2 JSH_{i,t} + \delta_3 Size_{i,t} + \delta_4 State + \delta_5 Herf_{i,t} + \varepsilon_{i,t}$$

模型（5.10）

其中，$Perf_{i,t+1}$为 QFII 持股比例介于 5%～30% 的公司经营绩效，用主成分分析法计算所得的公司综合经营绩效（$Perf\_\ H$）测度；$QFII_\ H_{i,t}$为持股比例介于 5%～30% 的 QFII 持股比例；$Size_{i,t}$为公司规模，用公司年末总资产的自然对数表示；$State_{i,t}$为控股股东类型，当国有控股公司时为 1，否则为 0；$Herf_{i,t}$为公司的股权集中度，用公司第一大股东持股比例来表示；$JSH_{i,t}$为监事会治理结构，分别用监事会规模（$JG$）和监事会年度会议次数（$JM$）来表示。

监事会治理结构中介作用的检验结果，如表 5.18 所示。

**表 5.18　监事会治理结构中介作用的检验结果**

| 被解释变量 | *Perf_ H* | *JG* | *Perf_ H*（*JG*） | *JM* | *Perf_ H*（*JM*） |
|---|---|---|---|---|---|
| 模型 | 模型（5.4） | 模型（5.9） | 模型（5.10） | 模型（5.9） | 模型（5.10） |
| | （1） | （2） | （3） | （4） | （5） |
| *QFII_ H* | 0.029***<br>（0.007） | 0.011***<br>（0.008） | 1.430***<br>（0.000） | 0.016**<br>（0.011） | 1.246***<br>（0.005） |
| *JG* | | | 2.748<br>（0.243） | | |
| *JM* | | | | | 0.489<br>（0.855） |
| *Size* | 0.205***<br>（0.000） | 0.049***<br>（0.000） | 1.820***<br>（0.000） | −0.009<br>（0.361） | 1.253*<br>（0.060） |

续表

| 被解释变量 | Perf_ H | JG | Perf_ H (JG) | JM | Perf_ H (JM) |
|---|---|---|---|---|---|
| *State* | 0.015<br>(0.584) | 0.008<br>(0.759) | 3.850 *<br>(0.093) | −0.055<br>(0.195) | 4.350<br>(0.146) |
| *Herf* | 0.049 **<br>(0.046) | 0.001<br>(0.739) | 0.056 *<br>(0.081) | 0.001<br>(0.360) | 0.078 *<br>(0.087) |
| $R^2$ | 0.142 | 0.077 | 0.028 | 0.013 | 0.022 |
| F | 18.902 ***<br>(0.000) | 27.738 ***<br>(0.000) | 7.451 ***<br>(0.000) | 2.366 *<br>(0.052) | 3.141 ***<br>(0.008) |
| DW | 1.850 | 1.979 | 1.989 | 1.851 | 2.019 |

注：①*表示 $p<0.1$，**表示 $p<0.05$，***表示 $p<0.01$；②括号内为显著性水平。

资料来源：根据 SPSS20.0 回归分析结果整理。

表5.18中，第（1）列是以持股比例介于5%～30%的QFII持股比例（*QFII_ H*）为解释变量，公司综合经营绩效（*Perf_ H*）为被解释变量的模型（5.4）的回归结果；第（2）列、第（4）列是以持股比例介于5%～30%的QFII持股比例（*QFII_ H*）为解释变量，分别以监事会规模（*JG*）、监事会年度会议次数（*JM*）为被解释变量的模型（5.9）的回归结果；第（3）列、第（5）列是以持股比例介于5%～30%的QFII持股比例（*QFII_ H*）为解释变量，分别加入中介变量监事会规模（*JG*）和监事会年度会议次数（*JM*）后的模型（5.10）的回归结果。

由表5.18可以看出，中介作用检验模型的DW值均在2附近，说明回归模型不存在自相关问题，并且，回归结果的F统计量均在0.01的水平上显著，表明模型中的解释变量与被解释变量在总体上都是显著的。中介作用检验的具体分析如下：

第（1）列中，持股比例介于5%～30%的QFII持股比例（*QFII_ H*）的回归系数在0.01的水平上显著为正，与5.3节的回归分析结果相同。第（2）列中，持股比例介于5%～30%的QFII持股比例（*QFII_ H*）对监事会规模（*JG*）的回归系数在0.01的水平上显著为正，表明随着QFII持股比例的增加，会加大对上市公司的监督能力。但第（3）列中，监事会规模（*JG*）的回归系数不显著。按照温忠麟的做法，需要进行Sobel检验。对监事会规模（*JG*）的中介作用进行 Sobel 检验，按照 Sobel 计算公式，计算得到检验统计量 Z 值为 0.965，小于 0.97，即 Z 统计量不显著。进一步检验，第（3）列中持股比例介于 5%～30% 的 QFII 持股比例（*QFII_ H*）的回归系数与第（1）列相比，不但没有变小，反而增大，即显著性没有降低。综上所述，监事会规模（*JG*）的中介作用不显著，即监事会规模不是持股比例介于 5%～30% 的 QFII 持股影响公司经营绩效的中介作用，它没有起到 QFII 持股影响公司经营绩效的传导作用，研究假设 H2h 未通过实证检验。

第（4）列中，持股比例介于 5%～30% 的 QFII 持股比例（*QFII_ H*）对监事会年度会议次数（*JM*）的回归系数在 0.05 的水平上显著为正，表明随着 QFII 持股比例的增加，会加大对上市公司监事会的监督，提高监事会年度会议次数。第（5）列中，监事会会议次数（*JM*）的回归系数为正，但是不显著，按照温忠麟的做法，需要进行 Sobel 检验。对监事会年度会议次数（*JM*）的中介作用进行 Sobel 检验，按照 Sobel 计算公式，计算得到检验统计量 Z 值为 0.986，大于 0.97，即 Z 统计量显著。由此可见，监事会年度会议次数（*JM*）的中介作用显著，即监事会年度会议次数是持股比例介于 5%～30% 的 QFII 持股影响公司经营绩效的中介作用，它起到了 QFII 持股影响公司经营绩效的传导作用，研究假设 H2i 通过实证检验。

## 5.5 境外机构投资者持股与公司治理结构的交互作用分析

在运用结构方程模型进行实证分析时，首先要保证使用结构方程模型进行分析的结果具有可信度，这就要求研究样本足够大，一般要求研究样本要大于 100，但大于 200 更好。本书以持股比例介于 5%～30% 的 QFII 为研究对象，研究的样本容量为 168 个，达到了结构方程模型对样本容量的要求。并且，要求结构方程分析的样本数据要服从正态分布。在运用 SPSS 统计软件进行正态分布检验时，一般而言，如果检验显著性水平大于 0.1，表明研究数据服从正态分布。

运用 SPSS20.0 统计软件分析研究数据的分布状况，结果表明，本书的研究数据均服从正态分布，因此可以运用结构方程模型进行实证研究。

### 5.5.1 上市公司治理结构对公司经营绩效影响的实证检验

本章第 3 节实证研究结果表明，持股比例介于 5%～30% 的 QFII 持股与公司经营绩效存在显著的正相关关系，在进行 QFII 持股比例与董事会治理结构和监事会治理结构的交互作用检验前，首先检验董事会治理结构和监事会治理结构是否会对公司经营绩效产生显著的影响作用。基于本书第 3 章构建的概念模型，构建董事会治理结构和监事会治理结构与公司经营绩效的结构方程模型，如图 5.2 所示。

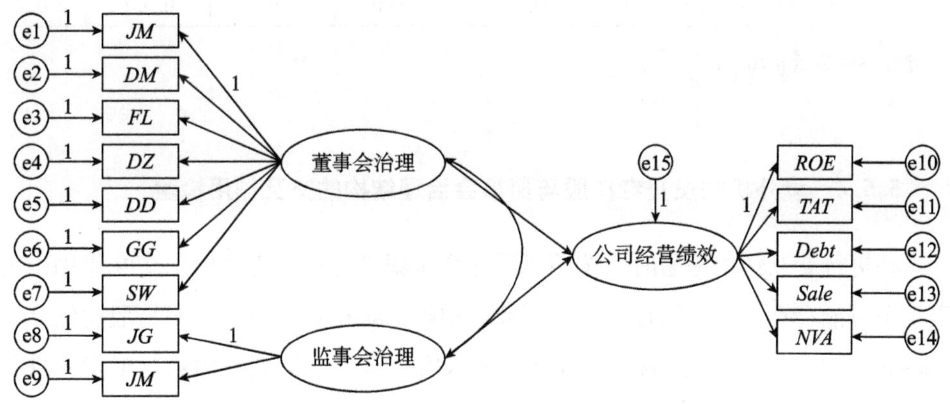


**图 5.2 公司治理结构对公司经营绩效影响的结构方程模型**

对上述董事会治理结构和监事会治理结构对公司经营绩效影响的结构方程模型运用 AMOS24.0 软件进行分析运算，所得拟合结果如表 5.19 所示。

由表 5.19 可以看出，董事会治理结构和监事会治理结构对公司经营绩效影响的结构方程模型总体拟合指数 $\chi^2$ 值为 685.086（自由度 df = 139），$\chi^2$/df 值为 4.929，小于 5，表明结构方程模型的总体拟合指数在可接受的范围内；RMSEA 值为 0.074，小于 0.1，处于可接受的范围内；比较拟合指数 NFI、TLI、CFI 和 IFI 分别为 0.986、0.960、0.927 和 0.932，均大于 0.9，并且趋向 1，均处于可接受的范围内。并且，董事会治理结构和监事会治理结构对公司经营绩效影响的两条路径均在 $p < 0.001$ 的水平上显著，另外两条路径系数的 C. R. 值分别为 2.042 和 3.063，均大于 1.96，结构方程的标准化路径系数分别为 0.073 和 0.118，均为正值，表明董事会治理结构和监事会治理结构对公司经营绩效具有显著的正向影响。

**表 5.19　公司治理结构与公司经营绩效关系模型的拟合结果**

| | 标准化路径系数 | 路径系数 | S. E. | C. R. | P |
|---|---|---|---|---|---|
| 经营绩效←董事会治理结构 | 0.073 | 0.117 | 0.142 | 2.042 | *** |
| 经营绩效←监事会治理结构 | 0.118 | 0.611 | 0.839 | 3.063 | *** |
| $\chi^2$　df　$\chi^2$/df | NFI | TLI | CFI | IFI | RMSEA |
| 685.086　139　4.929 | 0.986 | 0.960 | 0.927 | 0.932 | 0.074 |

注：*** 表示 $p < 0.001$。

### 5.5.2　境外机构投资者持股与董事会治理结构的交互作用检验

在进行交互作用检验时，按照以下三个步骤进行：首先，由于交互作用中的乘积项可能存在多重共线性问题，因此，根据 Hamilton 的做法，对持股比例介于 5% ~ 30% 的 QFII 持股比例、董事会治理结构和监事会治理结构的测度指标进行中心化处理，即将持股比例介于 5% ~ 30% 的 QFII 持股比例、董事会治理结构和监事会治理结构的测度指标分别减去其平均数，使创建的新变量以零为中心分布，从而可以减少多重共线性问题；其次，按照温忠麟等的研究方法，将持股比例介于 5% ~ 30% 的 QFII 持股比例分别与董事会治理结构和监事会治理结构的测度指标予以相乘，用其乘积项表示交互作用；最后，将乘积项代入模型中进行交互作用检验。

基于本书第 3 章从理论上分析了持股比例介于 5% ~ 30% 的 QFII 持股比例与董事会治理结构的交互作用会对公司经营绩效产生影响，于是构建了持股比例介于 5% ~ 30% 的 QFII 持股比例与董事会治理结构的交互作用模型，如模型 (5.11) 所示。

$$Perf\_H_{i,t+1} = \beta_0 + \beta_1 QFII\_H_{i,t} + \beta_2 DSH_{i,t} + \gamma QFII\_H \times DSH + \beta_3 Size_{i,t} + \beta_4 State_{i,t} + \beta_5 Herf_{i,t} + e_{i,t}$$ 模型（5.11）

式中，$Perf_H_{i,t+1}$为 QFII 持股比例介于 5%～30% 的公司经营绩效，用主成分分析法计算所得的公司综合经营绩效测度；$QFII_H_{i,t}$为持股比例介于 5%～30% 的 QFII 持股比例；$Size_{i,t}$为公司规模，用公司年末总资产的自然对数表示；$State_{i,t}$为控股股东类型，当国有控股公司时为 1，否则为 0；$Herf_{i,t}$为公司的股权集中度，用公司第一大股东的持股比例来表示；$DSH_{i,t}$ =（*GM*，*DM*，*FL*，*DZ*，*DD*，*GG*，*SW*）为反映董事会治理结构向量，分别表示董事会规模、董事会年度会议次数、董事会两权分离度、董事长和总经理两职设置、独立董事比例、高管持股比例以及董事会“四委”设立个数。

根据模型（5.11）我们对 *DSH* 求偏导，可知公司经营绩效对 QFII 持股的效应为 $\beta_1 + \gamma DSH$，由此可见，QFII 持股比例对公司经营绩效的影响作用不仅取决于 QFII 持股本身，董事会治理结构也会对 QFII 持股产生影响。只有当 $\beta_1 + \gamma DSH > 0$ 时，QFII 持股比例对公司经营绩效存在正向影响作用。

QFII 持股比例与董事会治理结构的交互作用对公司经营绩效影响的实证检验结果如表 5.20 所示。其中，模型（5.1）是不加入 QFII 持股比例与董事会治理结构交互项的情况下，QFII 持股比例对公司经营绩效影响的回归结果。模型（5.2）～模型（5.8）分别是加入 QFII 持股比例与董事会规模（*GM*）、董事会年度会议次数（*DM*）、董事会两权分离度（*FL*）、董事长和总经理两职设置（*DZ*）、独立董事比例（*DD*）、高管持股比例（*GG*）和董事会“四委”设立个数（*SW*）等的交互作用后对公司经营绩效的影响。

**表 5.20 境外机构投资者持股比例与董事会治理结构交互作用的检验结果**

| | 模型(5.1) | 模型(5.2) | 模型(5.3) | 模型(5.4) | 模型(5.5) | 模型(5.6) | 模型(5.7) | 模型(5.8) |
|---|---|---|---|---|---|---|---|---|
| *QFII_H* | 0.029*** | 0.230* | 1.864* | 1.505*** | 1.861*** | 0.791* | 1.526*** | -0.733* |
| | (0.007) | (0.095) | (0.094) | (0.000) | (0.000) | (0.072) | (0.000) | (0.076) |
| *Size* | 0.205*** | 1.813*** | 1.818*** | 1.718*** | 1.913*** | 1.689*** | 2.055*** | 1.716*** |
| | (0.000) | (0.000) | (0.000) | (0.000) | (0.000) | (0.000) | (0.000) | (0.000) |

续表

| | 模型(5.1) | 模型(5.2) | 模型(5.3) | 模型(5.4) | 模型(5.5) | 模型(5.6) | 模型(5.7) | 模型(5.8) |
|---|---|---|---|---|---|---|---|---|
| *State* | 0.015<br>(0.584) | 3.930*<br>(0.087) | 3.694*<br>(0.097) | 3.470<br>(0.158) | 3.938*<br>(0.090) | 3.920*<br>(0.091) | 4.503*<br>(0.051) | 3.735*<br>(0.095) |
| *Herf* | 0.049**<br>(0.046) | 0.054<br>(0.200) | 0.048<br>(0.251) | 0.064*<br>(0.095) | 0.057<br>(0.177) | 0.056*<br>(0.090) | 0.063*<br>(0.091) | 0.055<br>(0.197) |
| *QFII_ H*GM* | | 0.565<br>(0.772) | | | | | | |
| *QFII_ H*DM* | | | 1.572*<br>(0.092) | | | | | |
| *QFII_ H*FL* | | | | 0.017*<br>(0.077) | | | | |
| *QFII_ H*DZ* | | | | | -1.023<br>(0.168) | | | |
| *QFII_ H*DD* | | | | | | 1.831*<br>(0.085) | | |
| *QFII_ H*GG* | | | | | | | 1.965*<br>(0.056) | |
| *QFII_ H*SW* | | | | | | | | 1.771<br>(0.307) |
| $R^2$ | 0.242 | 0.027 | 0.031 | 0.028 | 0.029 | 0.027 | 0.032 | 0.027 |
| 调整 $R^2$ | 0.240 | 0.023 | 0.027 | 0.023 | 0.025 | 0.022 | 0.027 | 0.023 |
| F 统计量 | 8.971***<br>(0.000) | 6.117***<br>(0.000) | 7.019***<br>(0.000) | 6.021***<br>(0.000) | 6.522***<br>(0.000) | 5.965***<br>(0.000) | 7.167***<br>(0.000) | 6.122***<br>(0.000) |

注：①*表示 $p<0.1$，**表示 $p<0.05$，***表示 $p<0.01$；②括号内为显著性水平。

资料来源：根据 SPSS20.0 回归分析结果整理。

由表5.20可以看出，模型（5.1）的回归结果表明，持股比例介于5%~30%的QFII持股比例（*QFII_ H*）在0.01的水平上与公司经营绩效显著正相关，与前文研究结论一致。持股比例介于5%~30%的QFII持股比例（*QFII_ H*）与董事会规模（*GM*）、董事长和总经理两职设置（*DZ*）以及董事会“四委”设立个数（*SW*）之间没有显著的交互作用，表明董事会规模（*GM*）、董事长和总经理两职设置（*DZ*）以及董事会“四委”设立个数（*SW*）对 QFII 持股比例（*QFII_ H*）的影响作用不明确，即研究假设 H3a、H3d 和 H3g 未通过实证检验。但是，持股比例介于5%~30%的 QFII 持股比例（*QFII_ H*）与董事会年度会议次数（*DM*）、董事会两权分离度（*FL*）、独立董事比例（*DD*）和高管持股比例（*GG*）之间存在显著的交互作用。具体分析如下所示。

模型（5.3）是 QFII 持股比例（*QFII_ H*）与董事会年度会议次数（*DM*）的交互作用对公司经营绩效影响的回归结果。可以看出，QFII 持股比例（*QFII_ H*）对公司经营绩效（*Perf_ H*）的边际影响作用为（1.864 + 1.572DM） × QFII_ H，表明无论董事会年度会议次数（*DM*）是多少，随着董事会年度会议次数（*DM*）的增加，QFII 持股对上市公司经营绩效的影响作用会加强，也就是说，董事会年度会议次数（*DM*）对 QFII 持股比例（*QFII_ H*）有积极的影响作用，并且对公司经营绩效也具有显著的正向影响作用。基于上述分析，研究假设 H3b 通过了实证检验。

模型（5.4）是 QFII 持股比例（*QFII_ H*）与董事会两权分离度（*FL*）的交互作用对公司经营绩效影响的回归结果。可以看出，QFII 持股比例（*QFII_ H*）对公司经营绩效（*Perf_ H*）的边际影响作用为（1.505 +0.017FL） × QFII_ H，表明无论董事会的两权分离度（*FL*）是多少，随着董事会两权分离度（*FL*）的增加，QFII 持股对上市公司经营绩效的影响作用会加强，也就是说，董事会两权分离度（*FL*）对 QFII 持股比例（*QFII_ H*）有积极的影响作用，并且对公司经营绩效也具有显著的正向影响作用。基于上述分析，研究假设 H3c 通过了实证检验。

模型（5.6）是 QFII 持股比例（*QFII_ H*）与独立董事比例（*DD*）的交互作用对公司经营绩效影响的回归结果。可以看出，QFII 持股比例（*QFII_ H*）对公司经营绩效（*Perf_ H*）的边际影响作用为（0.791 + 1.831DD） × QFII_ H，表明无论独立董事比例（*DD*）是多少，随着独立董事比例（*DD*）的增加，QFII 持股对上市公司经营绩效的影响作用会加强，也就是说，独立董事比例（*DD*）对 QFII 持股比例（*QFII_ H*）有积极的影响作用，并且对公司经营绩效也具有显著的正向影响作用。基于上述分析，研究假设 H3e 通过了实证检验。

模型（5.7）是 QFII 持股比例（*QFII_ H*）与高管持股比例（*GG*）的交互

作用对公司经营绩效影响的回归结果。可以看出，QFII 持股比例（*QFII_ H*）对公司经营绩效（*Perf_ H*）的边际影响作用为（1.526 + 1.965GG）× QFII_ H，表明无论高管持股比例（*GG*）是多少，随着高管持股比例（*GG*）的增加，QFII 持股对上市公司经营绩效的影响作用会加强，也就是说，高管持股比例（*GG*）对 QFII 持股比例（*QFII_ H*）有积极的影响作用，并且对公司经营绩效也具有显著的正向影响作用。基于上述分析，研究假设 H3f 通过了实证检验。

### 5.5.3 境外机构投资者持股与监事会治理结构的交互作用检验

基于本书第 3 章从理论上分析了持股比例介于 5% ~ 30% 的 QFII 持股比例和监事会治理结构的交互作用会对公司经营绩效产生影响，于是构建了持股比例介于 5% ~ 30% 的 QFII 持股比例与监事会治理结构的交互作用模型，如模型（5.12）所示。

$$Perf\_\ H_{i,t+1} = \beta_0 + \beta_1 QFII\_\ H_{i,t} + \beta_2 JSH_{i,t} + \gamma QFII\_\ H \times JSH_{i,t} + \beta_3 Size_{i,t} + \beta_4 State_{i,t} + \beta_5 Herf_{i,t} + e_{i,t} \quad \text{模型（5.12）}$$

式中，$Perf_{i,t+1}$为 QFII 持股比例介于 5% ~ 30% 的公司经营绩效，用主成分分析法计算所得的公司综合经营绩效测度；$QFII_\ H_{i,t}$为持股比例介于 5% ~ 30% 的 QFII 持股比例；$Size_{i,t}$为公司规模，用公司年末总资产的自然对数表示；$State_{i,t}$为控股股东类型，当国有控股公司时为 1，否则为 0；$Herf_{i,t}$为公司的股权集中度，用公司第一大股东的持股比例来表示；$JSH_{i,t}$ =（*JG*，*JM*）为反映监事会治理结构向量，分别表示监事会规模和监事会年度会议次数。

根据模型（5.12）我们对 *JSH* 求偏导，可知公司经营绩效对 QFII 持股比例的效应为 $\beta_1 + \gamma JSH$，由此可见，QFII 持股比例对公司经营绩效的影响作用不仅取决于 QFII 持股本身，监事会治理结构也会对 QFII 持股比例产生影响作用。只有当 $\beta_1 + \gamma JSH > 0$ 时，QFII 持股比例对公司经营绩效存在正向影响作用。

QFII 持股比例与监事会治理结构的交互作用对公司经营绩效影响的实证检验结果如表 5.21 所示。其中，模型（5.1）是不加入 QFII 持股比例与监事会治理结构交互项的情况下，QFII 持股比例对公司经营绩效影响的回归结果。模型（5.2）、模型（5.3）分别是加入 QFII 持股比例与监事会规模（*JG*）和监事会年度会议次数（*JM*）的交互作用对公司经营绩效的影响。

表 5.21 境外机构投资者持股比例与监事会治理结构交互作用的检验结果

| | 模型（5.1） | 模型（5.2） | 模型（5.3） |
|---|---|---|---|
| *QFII_ H* | 0.029***<br>(0.007) | 0.907*<br>(0.062) | 2.412*<br>(0.732) |
| *Size* | 0.205***<br>(0.000) | 1.875***<br>(0.000) | 1.275*<br>(0.056) |
| *State* | 0.015<br>(0.584) | 3.905*<br>(0.088) | 4.351<br>(0.146) |
| *Herf* | 0.049**<br>(0.046) | 0.058<br>(0.165) | 0.078<br>(0.185) |
| *QFII_ H * JG* | | 1.897<br>(0.199) | |
| *QFII_ H * JM* | | | 0.679*<br>(0.063) |
| $R^2$ | 0.242 | 0.029 | 0.023 |
| 调整 $R^2$ | 0.240 | 0.024 | 0.014 |
| F 统计量 | 8.971***<br>(0.000) | 6.487***<br>(0.000) | 2.653**<br>(0.015) |

注：①*表示 $p<0.1$，**表示 $p<0.05$，***表示 $p<0.01$；②括号内为显著性水平。

资料来源：根据 SPSS20.0 回归分析结果整理。

由表 5.21 可以看出，模型（5.1）的回归结果表明，持股比例介于 5%～30% 的 QFII 持股比例（*QFII_ H*）在 0.01 的水平上与公司经营绩效显著正相关，与前文研究结论一致。持股比例介于 5%～30% 的 QFII 持股比例（*QFII_ H*）与监事会规模（*JG*）之间没有显著的交互作用，表明监事会规模（*JG*）对 QFII 持股比例（*QFII_ H*）的影响作用不明确，即研究假设 H3h 未通过实证检验。但是，持股比例介于 5%～30% 的 QFII 持股比例（*QFII_ H*）与监事会年度会议次数（*JM*）之间存在显著的交互作用。具体分析如下：

模型（5.3）是 QFII 持股比例（*QFII_ H*）与监事会年度会议次数（*JM*）的交互作用对公司经营绩效影响的回归结果。可以看出，QFII 持股比例（*QFII_ H*）对公司经营绩效（*Perf_ H*）的边际影响作用为（2.412 + 0.679JM）× QFII_ H，表明无论监事会年度会议次数（*JM*）是多少，随着监事会年度会议次数（*JM*）的增加，QFII 持股对上市公司经营绩效的影响作用会加强，也就是说，监事会年度会议次数（*JM*）对 QFII 持股比例（*QFII_ H*）有积极的影响作用，并且对公司经营绩效也具有显著的正向影响作用。基于上述分析，研究假设 H3i 通过实证检验。

## 5.6 稳健性检验

经济增加值（Economic Value Added，EVA）能够比较准确地反映企业在一定时期内为股东创造的价值，应用 EVA 评价公司经营绩效，不仅符合企业的长期发展利益，而且也符合知识经济时代的要求。因此，在进行稳健性检验时用 EVA 值作为公司经营绩效的测度指标，对持股比例低于 5% 的 QFII 持股比例（*QFII_ L*）、持股比例介于 5% ~ 30% 的 QFII 持股比例（*QFII_ H*）和持股制衡度（*QFII_ ZHD*）与公司经营绩效（*EVA*）的关系进行稳健性检验，同时对董事会治理结构和监事会治理结构的中介作用和交互作用进行检验。

### 5.6.1 境外机构投资者持股对公司经营绩效影响的稳健性检验

在检验持股比例低于 5% 的 QFII 持股比例（*QFII_ L*）、持股比例介于 5% ~ 30% 的 QFII 持股比例（*QFII_ H*）和持股制衡度（*QFII_ ZHD*）与公司经营绩效的关系时，选用我国股权分置改革完成后的 2008 ~ 2015 年的面板数据，首先对样本数据进行 Hausman 检验，结果表明 Hausman 检验的 P 值小于 0.05，拒绝原假设，因此采用个体固定效应模型。并且，为了减少内生性影响，将公司经营绩效采用了滞后一期的处理。为了保证研究结果的稳定性，对研究变量进行了首尾 1% 的 Winsorize 的缩尾处理。具体检验结果如表 5.22 所示。

模型（5.1）表示持股比例低于 5% 的 QFII 持股比例（*QFII_ L*）对公司经营绩效（*EVA*）的影响，模型（5.2）和模型（5.3）分别表示持股比例介于 5% ~ 30% 的 QFII 持股比例（*QFII_ H*）和持股制衡度（*QFII_ ZHD*）对公司经营绩效（*EVA*）的影响。

由表 5.22 可以看出，以经济增加值（*EVA*）作为被解释变量（公司经营绩效）的测度指标，分别以持股比例低于 5% 的 QFII 持股比例（*QFII_ L*）、持股

表 5.22 QFII 持股与公司经营绩效的回归结果

| 自变量 | 模型（5.1） | 模型（5.2） | 模型（5.3） |
| --- | --- | --- | --- |
| *QFII_ L* | 0.373<br>（0.712） | | |
| *QFII_ H* | | 0.202***<br>（0.000） | |
| *QFII_ ZHD* | | | 3.150***<br>（0.002） |
| *Size* | 4.800***<br>（0.000） | 0.356***<br>（0.000） | 0.333***<br>（0.000） |
| *State* | 0.259<br>（0.796） | 0.055<br>（0.843） | 0.040<br>（0.886） |
| *Herf* | 0.018**<br>（0.032） | 0.012**<br>（0.015） | 0.016***<br>（0.003） |
| $R^2$ | 0.053 | 0.057 | 0.048 |
| F 值 | 17.839***<br>（0.000） | 19.899***<br>（0.000） | 16.671***<br>（0.000） |
| DW | 1.931 | 1.884 | 1.880 |

注：①*表示 p<0.1，**表示 p<0.05，***表示 p<0.01；②括号内为显著性水平。

资料来源：根据 SPSS20.0 回归分析结果整理。

比例介于 5%～30% 的 QFII 持股比例（*QFII_ H*）和持股制衡度（*QFII_ ZHD*）作为解释变量，公司规模（*Size*）、控股股东类型（*State*）和股权集中度（*Herf*）作为控制变量的三个回归模型的 F 统计量均在 0.01 的水平上显著，表明模型中的解释变量与被解释变量在总体上是显著的。并且，DW 值均在 2 附近，表明回归模型中不存在自相关问题。

持股比例低于 5% 的 QFII 持股比例（*QFII_ L*）与公司经营绩效测度指标（*EVA*）的相关关系不显著，表明持股比例低于 5% 的 QFII 持股比例不会对公司经营绩效产生显著影响，与前文研究结论一致，假设 H1a 得到验证。持股比例介于 5%～30% 的 QFII 持股比例（*QFII_ H*）（b=0.202，p<0.01）和持股制衡度（*QFII_ ZHD*）（b=3.150，P<0.01）均在 0.01 的水平上与公司经营绩效测度指标（*EVA*）呈显著正相关关系，表明持股比例介于 5%～30% 的 QFII 持股比例和持股制衡度会对公司经营绩效产生显著的正向影响作用，与前文研究结论一致，

假设 H1b 和 H1c 均得到验证。

### 5.6.2 公司治理结构中介作用的稳健性检验

由上述实证检验结果可知，持股比例介于 5%～30% 的 QFII 持股比例会对公司经营绩效产生显著的正向影响，为了进一步检验持股比例介于 5%～30% 的 QFII 持股比例是否通过影响董事会治理结构和监事会治理结构进而对公司经营绩效产生影响。也就是说，检验董事会治理结构和监事会治理结构是否为 QFII 持股比例与公司经营绩效的中介作用，具体检验结果如表 5.23 所示。

**表 5.23 公司治理结构的中介作用检验结果**

| 中介变量的显著性 | | a | b | c | c′ | 系数 | Z 统计量 | 中介作用 |
|---|---|---|---|---|---|---|---|---|
| 董事会治理结构 | 董事会规模（*GM*） | 不显著 | 显著 | 显著 | 显著 | Sobel 检验 | 0.67（<0.97） | 不存在 |
| | 董事会会议次数（*DM*） | 显著 | 显著 | 显著 | 显著 | 减小 | — | 存在 |
| | 董事会两权分离度（*FL*） | 显著 | 显著 | 显著 | 显著 | 减小 | — | 存在 |
| | 董事会两职设置（*DZ*） | 显著 | 不显著 | 显著 | 显著 | Sobel 检验 | 2.53（>0.97） | 存在 |
| | 独立董事比例（*DD*） | 显著 | 不显著 | 显著 | 显著 | Sobel 检验 | 3.47（>0.97） | 存在 |
| | 高管持股比例（*GG*） | 显著 | 显著 | 显著 | 显著 | 减小 | — | 存在 |
| | 四委设立个数（*SW*） | 不显著 | 不显著 | 显著 | 显著 | — | — | 不存在 |
| 监事会治理结构 | 监事会规模（*JG*） | 不显著 | 不显著 | 显著 | 显著 | — | — | 不存在 |
| | 监事会会议次数（*JM*） | 不显著 | 显著 | 显著 | 显著 | Sobel 检验 | 1.32（>0.97） | 存在 |

注：①*表示 $p<0.1$，**表示 $p<0.05$，***表示 $p<0.01$；②括号内为显著性水平。

资料来源：根据 SPSS20.0 回归分析结果整理。

由表 5.23 可以看出，在验证董事会规模（*GM*）的中介作用检验中，自变量（*QFII_ H*）与因变量（*EVA*）的系数显著、自变量（*QFII_ H*）与中介变量（*GM*）的系数不显著，但引入中介变量后，中介变量的系数显著，因此需要进行

Sobel 检验，但 Sobel 检验统计量 Z 值 =0.67，小于临界值0.97。由此可见，董事会规模（*GM*）的中介作用不显著，即董事会规模没有起到 QFII 持股影响公司经营绩效的传导作用。

在验证董事会会议次数（*DM*）的中介作用检验中，自变量（*QFII_ H*）与因变量（*EVA*）、自变量（*QFII_ H*）与中介变量（*DM*）的系数均显著，引入中介变量后，自变量和中介变量的系数也显著，并且自变量的系数显著减小。由此可见，董事会会议次数（*DM*）的中介作用显著，即董事会会议次数起到了 QFII 持股影响公司经营绩效的传导作用。

在验证董事会两权分离度（*FL*）的中介作用检验中，自变量（*QFII_ H*）与因变量（*EVA*）、自变量（*QFII_ H*）与中介变量（*FL*）的系数均显著，引入中介变量后，自变量和中介变量的系数也显著，并且自变量的系数显著减小。由此可见，董事会两权分离度（*FL*）的中介作用显著，即董事会两权分离度起到了 QFII 持股影响公司经营绩效的传导作用。

在验证董事和与总经理两职设置（*DZ*）的中介作用检验中，自变量（*QFII_ H*）与因变量（*EVA*）、自变量（*QFII_ H*）与中介变量（*DZ*）的系数显著，引入中介变量后，中介变量的系数不显著，因此需要进行 Sobel 检验，Sobel 检验统计量 Z 值 =2.53，大于临界值 0.97。由此可见，董事长和总经理两职设置（*DZ*）的中介作用显著，即董事长和总经理两职设置起到了 QFII 持股影响公司经营绩效的传导作用。

在验证独立董事比例（*DD*）的中介作用检验中，自变量（*QFII_ H*）与因变量（*EVA*）、自变量（*QFII_ H*）与中介变量（*DD*）的系数均显著，引入中介变量后，中介变量的系数不显著，因此需要进行 Sobel 检验，Sobel 检验统计量 Z 值 =3.47，大于临界值 0.97。由此可见，独立董事比例（*DD*）的中介作用显著，即独立董事比例起到了 QFII 持股影响公司经营绩效的传导作用。

在验证高管持股比例（*GG*）的中介作用检验中，自变量（*QFII_ H*）与因变量（*EVA*）、自变量（*QFII_ H*）与中介变量（*GG*）的系数均显著，引入中介变量后，自变量和中介变量的系数也显著，并且自变量的系数显著减小。由此可见，高管持股比例（*GG*）的中介作用显著，即高管持股比例起到了 QFII 持股影响公司经营绩效的传导作用。

在验证董事会“四委”设立个数（*SW*）的中介作用检验中，自变量（*QFII_ H*）与因变量（*EVA*）的系数显著，但自变量（*EVA*）与中介变量（*SW*）的系数不显著，引入中介变量后，自变量的系数显著而中介变量的系数不显著。由此可见，董事会“四委”设立个数（*SW*）的中介作用不显著，即董事会“四委”设立个数没有起到QFII持股影响公司经营绩效的传导作用。

在验证监事会规模（*JG*）的中介作用检验中，自变量（*QFII_ H*）与因变量（*EVA*）的系数显著，但自变量（*QFII_ H*）与中介变量（*JG*）的系数不显著，引入中介变量后，自变量的系数显著而中介变量的系数不显著。由此可见，监事会规模（*JG*）的中介作用不显著，即监事会规模没有起到QFII持股影响公司经营绩效的传导作用。

在验证监事会会议次数（*JM*）的中介作用检验中，自变量（*QFII_ H*）与因变量（*EVA*）的系数显著、自变量（*QFII_ H*）与中介变量（*JM*）的系数不显著，但引入中介变量后，中介变量的系数显著，因此需要进行Sobel检验，Sobel检验统计量Z值=1.32，大于临界值0.97。由此可见，监事会会议次数（*JM*）的中介作用显著，即监事会会议次数起到了QFII持股影响公司经营绩效的传导作用。

### 5.6.3 境外机构投资者持股与公司治理结构交互作用的稳健性检验

由上述实证检验结果可知，持股比例介于5%~30%的QFII持股比例与公司经营绩效的测度指标（*EVA*）显著正相关。为了进一步检验QFII持股比例与董事会治理结构和监事会治理结构的交互作用对公司经营绩效的影响作用是否具有稳健性，本节对董事会治理结构和监事会治理结构交互作用的稳健性进行了实证检验。检验过程中所选取的研究样本为QFII持股比例介于5%~30%的上市公司，共计168家。为了减少交互作用与自变量之间的多重共线性，对所有变量都进行了中心化处理。持股比例介于5%~30%的QFII持股比例与董事会治理结构和监事会治理结构交互作用的检验结果分别如表5.24、表5.25所示。

表5.24中，模型（5.1）是不加入QFII持股比例与董事会治理结构交互项的情况下，QFII持股比例对公司经营绩效影响的回归结果。模型（5.2）~模型（5.8）分别是加入QFII持股比例与董事会规模（*GM*）、董事会年度会议次数（*DM*）、董事会两权分离度（*FL*）、董事长和总经理两职设置（*DZ*）、独立董事

比例（*DD*）、高管持股比例（*GG*）和董事会“四委”设立个数（*SW*）等的交互作用后对公司经营绩效的影响。

**表 5.24 境外机构投资者持股比例与董事会治理结构交互作用的检验结果**

| | 模型(5.1) | 模型(5.2) | 模型(5.3) | 模型(5.4) | 模型(5.5) | 模型(5.6) | 模型(5.7) | 模型(5.8) |
|---|---|---|---|---|---|---|---|---|
| *QFII_ H* | 0.029 ***<br>(0.007) | 0.394 **<br>(0.044) | 0.295 *<br>(0.058) | 0.187 *<br>(0.074) | 0.279 ***<br>(0.000) | 0.075 *<br>(0.088) | 0.218 ***<br>(0.000) | 0.159 *<br>(0.086) |
| *Size* | 0.205 ***<br>(0.000) | 0.379 ***<br>(0.000) | 0.358 ***<br>(0.000) | 0.373 ***<br>(0.000) | 0.394 ***<br>(0.000) | 0.363 ***<br>(0.000) | 0.495 ***<br>(0.000) | 0.363 ***<br>(0.000) |
| *State* | 0.015<br>(0.584) | 0.070<br>(0.800) | 0.057<br>(0.836) | 0.021<br>(0.943) | 0.102<br>(0.715) | 0.063<br>(0.821) | 0.310 *<br>(0.056) | 0.082<br>(0.769) |
| *Herf* | 0.049 **<br>(0.046) | 0.012 **<br>(0.017) | 0.012 **<br>(0.018) | 0.012 **<br>(0.033) | 0.012 **<br>(0.016) | 0.013 ***<br>(0.010) | 0.015 ***<br>(0.003) | 0.013 **<br>(0.013) |
| *QFII_ H * GM* | | 0.275<br>(0.245) | | | | | | |
| *QFII_ H * DM* | | | 0.580 *<br>(0.063) | | | | | |
| *QFII_ H * FL* | | | | 0.004 *<br>(0.052) | | | | |
| *QFII_ H * DZ* | | | | | -0.204<br>(0.121) | | | |
| *QFII_ H * DD* | | | | | | 0.343 *<br>(0.070) | | |
| *QFII_ H * GG* | | | | | | | 0.041 *<br>(0.073) | |
| *QFII_ H * SW* | | | | | | | | 0.037<br>(0.861) |
| $R^2$ | 0.242 | 0.059 | 0.060 | 0.060 | 0.064 | 0.059 | 0.103 | 0.058 |
| 调整 $R^2$ | 0.240 | 0.054 | 0.056 | 0.055 | 0.060 | 0.055 | 0.099 | 0.054 |
| F 统计量 | 8.971 ***<br>(0.000) | 13.703 ***<br>(0.000) | 13.832 ***<br>(0.000) | 13.303 ***<br>(0.000) | 14.877 ***<br>(0.000) | 13.658 ***<br>(0.000) | 25.237 ***<br>(0.000) | 13.450 ***<br>(0.000) |

注：①＊表示 $p<0.1$，＊＊表示 $p<0.05$，＊＊＊表示 $p<0.01$；②括号内为显著性水平。

资料来源：根据 SPSS20.0 回归分析结果整理。

由表5.24可以看出，回归结果的F统计量均在0.01的水平上显著，表明模型中的解释变量与被解释变量在总体上是显著的。其中，模型（5.1）的回归结果表明，持股比例介于5%～30%的QFII持股比例（*QFII_ H*）在0.01的水平上与公司经营绩效显著正相关，与前文研究结论一致。模型（5.2）、模型（5.5）和模型（5.8）中，持股比例介于5%～30%的QFII持股比例（*QFII_ H*）与董事会规模（*GM*）、董事长和总经理两职设置（*DZ*）以及董事会“四委”设立个数（*SW*）的交互作用没有通过显著性检验，表明董事会规模、董事长和总经理两职设置以及董事会“四委”设立个数对QFII持股比例的影响作用不明确，研究假设H3a、H3d和H3g未通过实证检验，与前文研究结论一致。

模型（5.3）是持股比例介于5%～30%的QFII持股比例（*QFII_ H*）与董事会年度会议次数（*DM*）的交互作用对公司经营绩效（*EVA*）影响的回归结果。研究结果表明，QFII持股比例与监事会年度会议次数的交互项（*QFII_ H * DM*）通过了显著性检验，且系数为正，说明董事会年度会议次数对QFII持股比例产生了积极的影响作用，并且对公司经营绩效会产生有利的影响，与研究假设H3b的预期一致。

模型（5.4）是持股比例介于5%～30%的QFII持股比例（*QFII_ H*）与董事会两权分离度（*FL*）的交互作用对公司经营绩效（*EVA*）影响的回归结果。研究结果表明，QFII持股比例与董事会两权分离度的交互项（*QFII_ H * FL*）显著为正，说明董事会两权分离度的增加会对QFII持股比例产生积极的影响作用，并且促进公司经营绩效的提升，与研究假设H3c的预期一致。

模型（5.6）是持股比例介于5%～30%的QFII持股比例（*QFII_ H*）与独立董事比例（*DD*）的交互作用对公司经营绩效（*EVA*）影响的回归结果。研究结果表明，QFII持股比例与独立董事比例的交互项（*QFII_ H * DD*）通过了显著性检验，并且系数为正，说明独立董事比例的提高对QFII持股比例的影响作用为正，并且会对公司经营绩效产生积极的影响作用，与研究假设H3e的预期一致。

模型（5.7）是持股比例介于5%～30%的QFII持股比例（*QFII_ H*）与高管持股比例（*GG*）的交互作用对公司经营绩效（*EVA*）影响的回归结果。可以看出，QFII持股比例与高管持股比例的交互项（*QFII_ H * GG*）通过了显著性检验，并且系数为正，表明高管持股比例的提高会对 QFII 持股比例产生正向影响作用，并且会促进公司经营绩效的提升，与研究假设 H3f 的预期一致。

**表 5.25 境外机构投资者持股比例与监事会治理结构交互作用的检验结果**

| | 模型（5.1） | 模型（5.2） | 模型（5.3） |
|---|---|---|---|
| *QFII_ H* | 0.029 ***<br>（0.007） | 0.150 *<br>（0.054） | 0.593 **<br>（0.049） |
| *Size* | 0.205 ***<br>（0.000） | 0.381 ***<br>（0.000） | 0.462 ***<br>（0.000） |
| *State* | 0.015<br>（0.584） | 0.061<br>（0.827） | 0.023<br>（0.951） |
| *Herf* | 0.049 **<br>（0.046） | 0.012 **<br>（0.014） | 0.005<br>（0.501） |
| *QFII_ H * JG* | | 0.038<br>（0.831） | |
| *QFII_ H * JM* | | | 0.283 *<br>（0.097） |
| $R^2$ | 0.242 | 0.059 | 0.055 |
| 调整 $R^2$ | 0.240 | 0.055 | 0.046 |
| F 统计量 | 8.971 ***<br>（0.000） | 13.763 ***<br>（0.000） | 6.657 ***<br>（0.000） |

注：① * 表示 p < 0.1，** 表示 p < 0.05，*** 表示 p < 0.01；②括号内为显著性水平。

资料来源：根据 SPSS20.0 回归分析结果整理。

表 5.25 中，模型（5.1）是不加入 QFII 持股比例与监事会治理结构交互项的情况下，QFII 持股比例对公司经营绩效影响的回归结果。模型（5.2）、模型（5.3）分别是加入 QFII 持股比例与监事会规模（*GM*）和监事会年度会议次数（*DM*）的交互作用后对公司经营绩效的影响。

由表 5.25 可以看出，回归结果的 F 统计量均在 0.01 的水平上显著，表明模型中的解释变量与被解释变量在总体上是显著的。其中，模型（5.1）的回归结果表明，持股比例介于 5%～30% 的 QFII 持股比例（*QFII_ H*）在 0.01 的水平上与公司经营绩效（*EVA*）显著正相关，与前文研究结论一致。

模型（5.2）中，持股比例介于5%～30%的QFII持股比例（*QFII_ H*）与监事会规模（*JG*）的交互作用没有通过显著性检验，表明监事会规模对QFII持股比例的影响作用不明确，研究假设H3h未通过实证检验，与前文研究结论一致。

模型（5.3）是持股比例介于5%～30%的QFII持股比例（*QFII_ H*）与监事会年度会议次数（*JM*）的交互作用对公司经营绩效（*EVA*）影响的回归结果。研究结果表明，QFII持股比例与监事会年度会议次数的交互项（*QFII_ H* * *JM*）通过了显著性检验，且系数为正，意味着监事会年度会议次数会对QFII持股比例产生积极的影响作用，并且对公司经营绩效会产生有利的影响，与研究假设H3i的预期一致。

## 5.7 本章小结

本章以我国股权分置改革完成后的2008～2015年沪深两市A股上市公司前十大股东中有QFII持股的上市公司作为样本进行实证研究，对本书提出的概念模型：QFII持股结构对公司经营绩效的影响、董事会治理结构和监事会治理结构在QFII持股比例与公司经营绩效之间的中介作用以及QFII持股比例与董事会治理结构和监事会治理结构的交互作用对公司经营绩效的影响分别进行分析，用以检验本书提出的研究假设。

首先，通过主成分分析法分别计算得到QFII持股比例低于5%和QFII持股比例介于5%～30%的公司综合经营绩效，为后续的实证检验做好铺垫。并且对实证研究中所涉及的样本数据（包括QFII持股比例和QFII持股制衡度数据、董事会治理结构和监事会治理结构等相关数据以及公司经营绩效的相关数据）进行描述性统计分析和相关性分析，对变量之间的关系以及研究假设进行初步的检验。

其次，采用回归分析法分别对持股比例低于5%的QFII持股比例与公司经营绩效的关系，以及持股比例介于5%～30%的QFII持股比例和持股制衡度与公司经营绩效的关系进行实证检验，结果表明，QFII 持股比例低于 5% 不会对公司经营绩效产生显著影响；而持股比例介于 5%~30% 的 QFII 持股比例和持股制衡度则会对公司经营绩效产生显著正向影响。并且，对董事会治理结构和监事会治理结构的中介作用进行了实证检验，其中大部分研究假设均通过了实证检验。

再次，利用结构方程模型对 QFII 持股比例介于 5%~30% 的公司董事会治理结构和监事会治理结构对公司经营绩效的影响进行了实证检验，结果表明，QFII 持股比例介于 5%~30% 的公司董事会治理结构和监事会治理结构会对公司经营绩效产生积极影响。同时，利用交互作用分析方法，具体分析了持股比例介于 5%~30% 的 QFII 持股比例与董事会治理结构中的 7 个测度指标和监事会治理结构中的 2 个测度指标之间的交互作用对公司经营绩效的影响，结果表明，持股比例介于 5%~30% 的 QFII 持股比例与董事会规模、董事长和总经理两职设置、董事会“四委”设立个数以及监事会规模这四个指标的交互作用不显著，而与董事会年度会议次数、董事会两权分离度、独立董事比例、高管持股比例以及监事会年度会议次数存在显著的交互作用。

最后，利用经济增加值（*EVA*）作为公司经营绩效的测度指标对上述实证研究结果进行稳健性检验，稳健性检验结果与前文实证研究结果一致，表明本书的实证检验结果具有可信性。

第 6 章将对实证研究结果进行归纳和汇总，并进行讨论分析，根据实证研究结果提出相应的政策建议。

# 6 结果讨论

本章首先对上一章的实证检验结果进行归纳汇总，并对其进行具体分析和讨论。主要包括持股比例低于5%的QFII持股比例对公司经营绩效的影响、持股比例介于5%～30%的QFII持股比例和持股制衡度对公司经营绩效的影响，以及董事会治理结构和监事会治理结构在持股比例介于5%～30%的QFII持股比例和公司经营绩效之间的中介作用检验，还有持股比例介于5%～30%的QFII持股比例与董事会治理结构和监事会治理结构的交互作用对公司经营绩效的影响等。基于实证研究结果，对我国引入境外机构投资者制度以及完善我国上市公司治理结构提出相应的政策建议。

## 6.1 结果分析

基于我国股权分置改革完成后的2008～2015年沪深A股市场中有QFII持股的1499家上市公司数据，其中，QFII持股比例低于5%的上市公司共计1331家，QFII持股比例介于5%～30%的上市公司共计168家。利用回归分析法、结构方程模型和交互作用分析法等对概念模型和理论假设进行了实证检验。结果表明，21个研究假设中，14个研究假设通过了实证检验，而7个研究假设未通过实证检验，说明本书的研究问题较好地得到了实证检验，实现了研究目标。研究假设的实证检验情况如表6.1所示。

表 6.1 研究假设的实证检验情况汇总

| 假设层次 | 假设编号 | 研究假设 | 检验结果 |
| --- | --- | --- | --- |
| H1 | H1a | QFII 持股比例低于 5% 不会对公司经营绩效产生影响 | 通过 |
| | H1b | QFII 持股比例介于 5%～30% 会对公司经营绩效产生显著正向影响 | 通过 |
| | H1c | 持股比例介于 5%～30% 的 QFII 持股制衡度会对公司经营绩效产生显著正向影响 | 通过 |
| H2 | H2a | 董事会规模是持股比例介于 5%～30% 的 QFII 持股比例与公司经营绩效的中介作用 | 未通过 |
| | H2b | 董事会年度会议次数是持股比例介于 5%～30% 的 QFII 持股比例与公司经营绩效的中介作用 | 通过 |
| | H2c | 董事会两权分离度是持股比例介于 5%～30% 的 QFII 持股比例与公司经营绩效的中介作用 | 通过 |
| | H2d | 董事长和总经理两职设置是持股比例介于 5%～30% 的 QFII 持股比例与公司经营绩效的中介作用 | 通过 |
| | H2e | 独立董事比例是持股比例介于 5%～30% 的 QFII 持股比例与公司经营绩效的中介作用 | 通过 |
| | H2f | 高管持股比例是持股比例介于 5%～30% 的 QFII 持股比例与公司经营绩效的中介作用 | 通过 |
| | H2g | 董事会中“四委”设立个数是持股比例介于 5%～30% 的 QFII 持股比例与公司经营绩效的中介作用 | 未通过 |
| | H2h | 监事会规模是持股比例介于 5%～30% 的 QFII 持股比例与公司经营绩效的中介作用 | 未通过 |
| | H2i | 监事会年度会议次数是持股比例介于 5%～30% 的 QFII 持股比例与公司经营绩效的中介作用 | 通过 |
| H3 | H3a | 持股比例介于 5%～30% 的 QFII 持股比例与董事会规模的交互作用会显著影响公司经营绩效 | 未通过 |
| | H3b | 持股比例介于 5%～30% 的 QFII 持股比例与董事会年度会议次数的交互作用会显著影响公司经营绩效 | 通过 |
| | H3c | 持股比例介于 5%～30% 的 QFII 持股比例与董事会两权分离度的交互作用会显著影响公司经营绩效 | 通过 |
| | H3d | 持股比例介于 5%～30% 的 QFII 持股比例与董事长和总经理两职设置的交互作用会显著影响公司经营绩效 | 未通过 |
| | H3e | 持股比例介于 5%～30% 的 QFII 持股比例与独立董事比例的交互作用会显著影响公司经营绩效 | 通过 |

续表

| 假设层次 | 假设编号 | 研究假设 | 检验结果 |
|---|---|---|---|
| H3 | H3f | 持股比例介于5%~30%的QFII持股比例与高管持股比例的交互作用会显著影响公司经营绩效 | 通过 |
| | H3g | 持股比例介于5%~30%的QFII持股比例与董事会中“四委”设立个数的交互作用会显著影响公司经营绩效 | 未通过 |
| | H3h | 持股比例介于5%~30%的QFII持股比例与监事会规模的交互作用会显著影响公司经营绩效 | 未通过 |
| | H3i | 持股比例介于5%~30%的QFII持股比例与监事会年度会议次数的交互作用会显著影响公司经营绩效 | 通过 |

资料来源：作者整理。

### 6.1.1 境外机构投资者持股对公司经营绩效的影响分析

利用SPSS20.0统计软件，采用回归分析法实证检验了持股比例低于5%的QFII持股比例对公司经营绩效的影响以及持股比例介于5%~30%的QFII持股比例和持股制衡度对公司经营绩效的影响。实证研究结果表明：QFII持股比例低于5%不会对公司经营绩效产生影响；而持股比例介于5%~30%的QFII持股比例和持股制衡度对公司综合经营绩效、净资产收益率、总资产周转率、销售增长率和每股净资产均具有显著的正向影响，但是对资产负债率的影响作用不显著。

上述研究结论表明，QFII持股比例低于5%时，主要奉行短期的财务投资理念，参与公司治理的能力和动力非常弱，主要扮演着价值发现者角色，即通过持有公司绩效较好或发展前景较好的公司股票来获得短期的投资收益。因此他们不会对公司经营绩效产生影响。但是，当QFII持股比例介于5%~30%，由于公司经营绩效对其投资收益的影响会更大，因此境外机构投资者奉行长期的价值投资理念，为了获得长期稳定的投资收益，会积极参与公司治理并完善公司治理结构，提升公司经营绩效，扮演着价值创造者角色。该研究结论与学者Mizuno等（2007）以及学者Kaplan（2009）的观点一致，认为机构投资者奉行长期的价值投资理念，并且具有专业的投资分析能力，能够从公司经营绩效的增长中获得较大的投资收益，因此他们有能力和动力参与公司治理，从而提高公司经营绩效。

并且，境外机构投资者拥有雄厚的资金实力、丰富的投资管理经验以及专业化的投资理财队伍，随着其持股比例的增加，与公司经营绩效的关系会更加密切，从而促使境外机构投资者积极参与公司经营决策并监督和约束经理层行为，提高公司经营绩效，最终获得较高的投资收益。同时，境外机构投资者可以通过影响董事会治理结构对公司经营决策产生影响，通过监事会对公司大股东和经理层行为进行监督，抑制控股股东的“掏空”行为，提高公司经营管理效率，改善公司治理结构，提高公司经营绩效。另外，随着 QFII 持股制衡度的增加，参与公司治理的能力会加强，会对上市公司第一大股东产生一定的制衡作用，从而削弱控股股东对中小股东和上市公司利益的侵害，提升公司经营绩效，最终提升其投资收益。由此可见，本书的研究结论对于从 QFII 持股角度探讨其对公司经营绩效的影响，得到了有力的理论支撑和经验验证。本书的研究结论也进一步说明了，境外机构投资者到底是持有短期的价格投资理念，还是持有长期的价值投资理念；是扮演价格发现者角色，还是扮演价格创造者角色，主要取决于 QFII 持股比例。

### 6.1.2 公司治理结构的中介作用对公司经营绩效的影响分析

本书引入董事会治理结构和监事会治理结构这两个中介变量，从理论和实证的角度探讨了董事会治理结构和监事会治理结构在 QFII 持股比例与公司经营绩效关系中所起的中介作用，揭示了 QFII 持股对公司经营绩效的作用路径和传导机制。其中，董事会治理结构包括董事会规模、董事会年度会议次数、董事会两权分离度、董事长和总经理两职设置、独立董事比例、高管持股比例和董事会“四委”设立个数；监事会治理结构包括监事会规模和监事会年度会议次数。董事会治理结构和监事会治理结构中介作用的实证研究结果分析如下：

由董事会治理结构中介作用的实证检验结果可知，董事会年度会议次数是持股比例介于 5%~30% 的 QFII 持股比例影响公司经营绩效的中介作用。董事会会议主要是为研究决策公司重大事项和紧急事项而召开的。当 QFII 持股比例介于 5%~30% 时，他们有动力和能力参与公司治理，因此当公司经营管理遇到问题时，或者当公司需要进行重大事项的决策时，境外机构投资者会监督上市公司及时召开董事会会议进行紧急事项或重大事项的决策。也就是说，持股比例介于

5%～30%的 QFII 持股会通过影响董事会年度会议次数，进而影响公司经营绩效，即董事会年度会议次数起到了 QFII 持股影响公司经营绩效的传导作用。

由董事会治理结构中介作用的实证检验结果可知，董事会两权分离度是持股比例介于5%～30%的 QFII 持股比例影响公司经营绩效的中介作用。也就是说，持股比例介于5%～30%的 QFII 持股会通过影响董事会的两权分离程度，进而对公司经营绩效产生影响。该结论与学术界大多数学者的研究结论一致，认为机构投资者持股对上市公司治理结构具有积极的影响作用（Shleifer & Vishny，1986；Chidambaran & John，1998）。QFII 持股比例越高，单位治理成本就越低，治理收益就越高，因此参与公司治理的积极性就越高，有利于提高公司经营绩效；相反，QFII 持股比例越低，参与公司治理的积极性就越低，往往通过“隧道挖掘”方式获取利益，充当着“利益攫取者”角色，最终损害公司经营绩效（Hartzell & Starks，2003；王雄等，2013）。本书认为，QFII 持股比例越高，公司经营绩效对投资收益的影响就越大，为了获得长期稳定的投资收益，会积极参与公司治理，完善公司治理结构，提高公司经营绩效；并且 QFII 持股比例越高，退出成本越大，因此倾向于选择“用手投票”，提高公司经营绩效，从而获得高额的投资收益；另外，QFII 持股比例越高，越能通过介入公司治理改善我国上市公司中的“内部人控制”和“一股独大”等现象，提高公司经营绩效。境外机构投资者在韩国和我国台湾地区的发展经验表明，QFII 持股制衡了大股东的力量，改善了公司治理环境，提高了公司经营绩效（孙立和林丽，2006）。本书认为，QFII 持股能够制衡大股东的力量，削弱大股东对中小股东和公司利益的掠夺，完善公司治理结构，提高公司经营绩效。董事会所有权与经营权的分离是相对的，所有权包含着经营权，经营权来源于所有权，由于董事会享有所有权，而经理层享有经营权，因此必然会使经理层为了维护自身利益最大化而损害公司利益。然而，QFII 持股会影响董事会的两权分离程度，使两种权利主体相互监督，共同促进公司治理结构的完善，提升公司经营绩效。也就是说，持股比例介于5%～30%的 QFII 持股会通过影响董事会的两权分离程度，进而影响公司经营绩效，即董事会两权分离程度起到了 QFII 持股影响公司经营绩效的传导作用。

由董事会治理结构中介作用的实证检验结果可知，董事长和总经理两职设置是持股比例介于5%～30%的 QFII 持股比例影响公司经营绩效的中介作用。委托代理理论认为，董事长和总经理应该保持两职分离，从而维护董事会对经理层监督的独立性和有效性，防止经理层机会主义行为的发生。本书认为，董事长与总经理二者之间是监督与被监督的关系，如果董事长和总经理两职合一，就会削弱董事会的监督效力，无法有效履行董事会的职能，导致经理层机会主义行为的发生，从而损害公司经营绩效。李晓（2015）通过实证研究表明，董事长与总经理两职分离有利于提升公司绩效。并且，境外机构投资者为了使自身投资收益最大化，会通过“用手投票”积极参与公司治理。因此，持股比例介于5%～30%的QFII持股会积极监督董事长和总经理两职设置情况，完善公司治理结构，提高公司经营绩效。也就是说，持股比例介于5%～30%的QFII持股会通过影响董事长和总经理两职设置，进而影响公司经营绩效，即董事长和总经理两职设置起到了QFII持股影响公司经营绩效的传导作用。

由董事会治理结构中介作用的实证检验结果可知，独立董事比例是持股比例介于5%～30%的QFII持股比例影响公司经营绩效的中介作用。所有权和经营权相分离是现代企业制度的基本特征，但是两权分离必然会产生委托代理问题，产生代理成本和代理风险。那么，为了降低代理成本和代理风险，就要提高经理层的效率，同时要防止“内部人控制”等问题。而独立董事独立于公司股东之外，并且与上市公司之间没有任何业务往来，因此可以对公司经营管理决策做出相对客观和独立的判断，并且监督经理层行为，促使经理层利益与股东利益趋向一致，从而降低代理成本和代理风险，提升公司经营绩效。另外，持股比例介于5%～30%的境外机构投资者为了获得更多的投资收益会积极参与公司治理，提高上市公司独立董事比例，促进公司治理结构的完善和公司经营绩效的提升。由此可见，持股比例介于5%～30%的QFII持股会通过影响独立董事比例，进而影响公司经营绩效，即独立董事比例起到了QFII持股影响公司经营绩效的传导作用。

由董事会治理结构中介作用的实证检验结果可知，高管持股比例是持股比例介于5%～30%的QFII持股比例影响公司经营绩效的中介作用。经营权与所有权的分离会产生委托代理问题，代理人为了维护自身利益最大化甚至会损害委托人的利益，因此必须要建立一套激励约束机制。对上市公司高管进行长期的股权激励能够使高管的利益与公司利益趋向一致，从而调动高管的工作积极性，提升公司经营绩效。周嘉南和陈效东（2014）也通过实证研究认为，高管股权激励能够显著提高公司绩效。因此，持股比例介于5%～30%的境外机构投资者由于具有参与公司治理的动力和能力，会对高管持股比例进行监督，保证公司经营绩效的提升。也就是说，持股比例介于5%～30%的QFII持股会通过影响高管持股比例，进而影响公司经营绩效，即高管持股比例起到了QFII持股影响公司经营绩效的传导作用。

由监事会治理结构中介作用的实证检验结果可知，监事会年度会议次数是持股比例介于5%～30%的QFII持股比例影响公司经营绩效的中介作用。监事会的主要职责是对经理层进行监督，防止经理层发生损害股东利益和公司利益的行为，而监事会监督职能的有效发挥是通过监事会会议进行的。因此，监事会会议有利于发挥监事会的监督职能，完善公司治理结构，提升公司经营绩效。而持股比例介于5%～30%的QFII持股会通过影响监事会年度会议次数来保证监事会监督职能的有效发挥，进而提升公司经营绩效。也就是说，持股比例介于5%～30%的QFII持股会通过影响监事会年度会议次数，进而影响公司经营绩效，即监事会年度会议次数起到了QFII持股影响公司经营绩效的传导作用。

然而，董事会治理结构和监事会治理结构中介作用的实证研究结论表明，董事会规模、董事会“四委”设立个数和监事会规模均不是持股比例介于5%～30%的QFII持股比例影响公司经营绩效的中介作用，它们没有起到QFII持股影响公司经营绩效的传导作用。具体分析如下：我国《公司法》对上市公司董事会人数有明确的规定，有限公司中董事会人数为3～13人，股份有限公司中董事会人数为5～19人。由此可见，董事会规模的大小主要是受法律的约束，而QFII持股对其影响较为微弱。并且，由上述分析可知，目前我国上市公司董事会“四委”平均设立个数几乎接近4个。因此，持股比例介于5%～30%的QFII持股不会对董事会规模和董事会“四委”设立个数产生影响，即董事会规模和董事会“四委”设立个数没有起到QFII持股影响公司经营绩效的传导作用。另外，我国上市公司中的监事会人数一般是根据公司的股本规模和职工人数而确定，因此，QFII持股对监事会规模的影响程度也较弱。也就是说，持股比例介于5%～30%的QFII持股不会对监事会规模产生影响，即监事会规模没有起到QFII持股影响公司经营绩效的传导作用。

### 6.1.3 公司治理结构的交互作用对公司经营绩效的影响分析

为了更好地研究 QFII 持股对公司经营绩效的影响，本书分析了持股比例介于5%～30%的 QFII 持股比例与董事会治理结构和监事会治理结构的交互作用。结果表明，持股比例介于5%～30%的 QFII 持股比例与董事会治理结构和监事会治理结构之间存在显著的交互作用，并且会显著影响公司经营绩效。

由持股比例介于5%～30%的 QFII 持股比例与董事会治理结构和监事会治理结构交互作用的实证检验结果可知，董事会年度会议次数、董事会两权分离度、独立董事比例、高管持股比例和监事会年度会议次数与 QFII 持股比例之间存在显著的交互作用，并且交互作用的系数为正。表明董事会年度会议次数、董事会两权分离度、独立董事比例、高管持股比例和监事会年度会议次数会促进 QFII 持股比例的增加，并且会显著影响公司经营绩效。但是，董事会规模、董事长和总经理两职设置、董事会“四委”设立个数和监事会规模与 QFII 持股比例的交互作用没有通过显著性检验，表明董事会规模、董事长和总经理两职设置、董事会“四委”设立个数和监事会规模对 QFII 持股比例的影响作用不明确。具体分析如下：

由于董事会年度会议次数的增加有利于董事会更及时地制定公司经营发展的相关决策，而监事会年度会议次数的增加则有利于监事会监督职能的有效发挥。也就是说，董事会和监事会年度会议次数的增加有利于促进董事会和监事会职能的发挥，从而有利于吸引更多的境外机构投资者。因此，董事会和监事会年度会议次数的增加，有利于增加 QFII 持股比例，并对公司经营绩效产生积极影响。

尽管有学者研究认为，董事会所有权和控制权的分离会降低经理层工作的积极性，不利于公司经营绩效的提升，或者经理层为了自身利益最大化而损害公司利益，以及由于两权分离导致委托代理关系的出现，从而产生代理成本和代理风险等。但两权分离是现代制企业的典型特征，由于企业的所有者不一定具有经营管理的知识，而经理层则拥有企业经营管理方面的知识和经验，因此所有权和控制权的分离可以使企业的所有者和经营者发挥各自的优势，提升公司经营绩效，为所有者创造最大的利润，从而有利于提高 QFII 持股比例。因此，董事会两权分离度的增加有利于 QFII 持股比例的增加，进而对公司经营绩效产生显著影响。

虽然有学者研究认为，独立董事制度不会对公司绩效产生显著的影响。但是，随着我国独立董事制度的不断发展和完善，独立董事制度的作用就会显现出来。一些西方发达国家的经验表明，由于独立董事独立于公司股东之外，并且与公司经营管理者之间没有重要的业务联系，因此可以对公司经营决策做出相对客观独立的判断。一般来说，随着独立董事比例的提高，有利于提高董事会决策的科学性，并且强化董事会的制衡机制，保护中小股东的权益，完善公司治理结构，提升公司经营绩效，从而有利于提高 QFII 持股比例。由此可见，独立董事比例的增加有利于促进 QFII 持股比例的增加，最终促进公司经营绩效的提升。

虽然高管股权激励在西方发达国家实行得比较早，而在我国实行得比较晚，但是大多数学者研究认为，对高管进行股权激励可以使高管的利益与公司的利益紧密联系在一起，从而调动高管的工作积极性，使他们更加努力地提高公司经营绩效，从而吸引更多的 QFII 持股。由此可见，高管持股比例的增加有利于促进 QFII 持股比例的增加，进而促进公司经营绩效的提升。

高雷和张杰（2008）研究表明，在“一股独大”的股权结构背景下，机构投资者对上市公司控股股东的监督作用有限。由此可见，机构投资者对公司经营绩效的影响会受到公司治理结构的影响。随着 QFII 持股比例的增加，投资收益受公司经营绩效的影响将加大，因此，境外机构投资者会监督董事会和监事会及时召开会议、监督董事会的所有权和控制权相分离，并且促进独立董事比例和高管持股比例的增加，从而完善公司治理结构，提升公司经营绩效。综上所述，QFII 持股比例与董事会年度会议次数、董事会两权分离度、独立董事比例、高管持股比例和监事会年度会议次数之间存在显著的交互作用，共同促进公司经营绩效的提升。

由于董事会规模和监事会规模过大会增加企业的运营成本并且会降低董事会和监事会的决策效率，而董事会和监事会的规模过小则不利于董事会和监事会职能的有效发挥，即董事会和监事会规模过大和过小都不利于公司经营绩效的提升。并且，董事长和总经理两职兼任会降低董事会决策的科学性和客观性，不利于提升公司经营绩效，而董事长和总经理两职分离则会使经理层产生机会主义行为，损害公司利益。另外，由于目前我国董事会“四委”的职能没有有效发挥，因此“四委”设立个数对公司治理结构和公司绩效的影响作用不显著。综上所述，随着董事会规模、监事会规模、董事长和总经理两职设置以及董事会“四委”设立个数的增加，并不会对公司治理结构产生显著影响。因此，QFII 持股比例与董事会规模、监事会规模、董事长和总经理两职设置以及董事会“四委”设立个数之间没有显著的交互作用。

## 6.2 政策建议

本书以 QFII 持股为研究对象，从我国上市公司董事会治理结构和监事会治理结构以及 QFII 持股的现实问题出发，运用文献研究法和实证研究法等多种方法分析了 QFII 持股对公司经营绩效的影响，以及 QFII 持股对董事会治理结构和监事会治理结构的作用机理，基本实现了以问题为导向的研究过程。实证研究结果表明，持股比例介于 5%～30% 的 QFII 持股比例和持股制衡度越高，公司经营绩效就越好；并且，持股比例介于 5%～30% 的 QFII 持股比例可以通过影响董事会治理结构和监事会治理结构进而影响公司经营绩效；另外，持股比例介于 5%～30% 的 QFII 持股比例与董事会治理结构和监事会治理结构之间存在显著的交互作用，并且会显著影响公司经营绩效。该研究结论对于我国引入境外机构投资者以及完善上市公司治理结构具有一定的理论价值和实践指导意义。基于上述研究结论，提出如下两个方面的政策建议。

### 6.2.1 对我国引入境外机构投资者的政策建议

实证研究结果表明，QFII 持股比例和 QFII 持股制衡度的提高，有利于提高其参与公司治理的动力和能力，从而提高公司经营绩效。并且，我国上市公司大部分是由国有企业改制而来，股权集中度较高，第一大股东往往拥有经营管理的绝对控制权。然而，上市公司第一大股东持股比例过高则会在一定程度上侵害其他中小股东的权益，损害公司利益，抑制公司经营绩效的提升。基于此，我国政府应该适当降低境外机构投资者的准入门槛，提高其持股比例和持股制衡度，充分调动其参与公司治理的动力和能力，提高境外机构投资者对公司控股股东的制衡度，最终促进公司经营绩效的提升。

截至2017年3月29日，我国境外机构投资者累计投资额度达902.64亿美元，投资企业家数达280家，分别较2003年的17亿美元和12家，增长了53.1倍和23.3倍。但是，我国政府出于保护国内市场以及国内投资者的目的，对境外机构投资者的投资主体、投资额度以及持股比例等方面进行了诸多限制，使我国沪深A股市场上境外机构投资者所占比重仍然偏低。然而，实证研究结果表明，QFII持股有利于完善董事会治理结构和监事会治理结构，提升公司经营绩效。因此，我国政府应该放宽对进入我国的境外机构投资者的主体限制，扩大投资额度限制，降低其准入门槛，提高QFII持股比例。同时，应该加强QFII持股比例与董事会治理结构和监事会治理结构的交互作用，实现其对公司经营绩效的促进作用。

境外机构投资者只有持有长期的价值投资理念才会使其自身利益与公司的长远利益联系在一起，为了获得较高的投资收益，才会积极参与公司治理，完善公司治理结构，提高公司经营绩效。鉴于此，我国政府应该加强对境外机构投资者的监管，鼓励其持有长期的价值投资理念，制约其短期投资行为，防止其利用信息优势的操纵行为。我国《公司法》规定，上市公司必须定期披露相关信息以规范上市公司的经营管理，那么，为了完善境外机构投资者自身的结构以及加强对境外机构投资者投资行为的监管，我国政府可以通过法律的形式要求境外机构投资者定期披露其相关投资信息，以便更充分、及时地了解境外机构投资者的投资行为，以及对完善我国上市公司治理结构和提高公司经营绩效等方面所发挥的积极作用。

### 6.2.2 对完善我国上市公司治理结构的政策建议

实证研究结果表明，境外机构投资者通过持有上市公司的股票，能够积极参与公司董事会治理和监事会治理，完善公司治理结构，提升公司经营绩效。由此可见，境外机构投资者对完善我国上市公司董事会治理结构和监事会治理结构以及提升公司经营绩效方面具有积极的促进作用，具体表现在以下三个方面：

第一，我国上市公司引入境外机构投资者，能够促使上市公司的股权主体呈现多元化，缓解股权结构过于集中的现象，同时，境外机构投资者作为外部监督机构，能够对经理层的行为进行有效的监督和约束，促进公司经营绩效的提升。

第二，随着 QFII 持股比例的增加，削弱了我国上市公司中国有股“一股独大”的局面，缓解了“内部人控制”问题，形成了由几大股东相互制衡的竞争式股权结构，避免了由于股权结构过于集中和股权结构过于分散所带来的弊端。并且，竞争式的股权结构能够使大股东相互监督和制约，削弱大股东对中小股东以及公司利益的侵害。

第三，董事会的独立性是董事会职能能否有效发挥的前提条件，境外机构投资者持有上市公司的股份，会对董事会的独立性进行监督，促进董事会决策的客观性和独立性，完善董事会治理结构，提高公司经营绩效。

近年来，我国上市公司董事会治理结构和监事会治理结构虽然得到了一定程度的改善，但是整体治理水平仍然偏低，存在“一股独大”“大股东操纵”“内部人控制”以及独立董事“不独立”等一系列问题，制约着我国上市公司的发展。并且，近几年我国 QFII 持股比例虽然有所上升，但相比散户投资者仍处于较低水平。由于散户投资者往往奉行短期的财务投资理念，参与公司治理的动力和能力不足，不利于完善上市公司治理结构，提升公司经营绩效。而境外机构投资者则往往持有长期的价值投资理念，注重投资回报的长期性，并且拥有专业的投资团队和丰富的投资管理经验。因此，我国上市公司应该积极吸引更多优质的境外机构投资者，改善董事会治理结构和监事会治理结构，提高公司经营绩效。并且，境外机构投资者的进入可以说是海外投资管理经验的引入，因此，引入境外机构投资者能够为我国境内机构投资者在投资管理和经营运作等方面提供丰富的经验，带动境内机构投资者的进一步发展。

## 6.3 本章小结

首先，对实证研究结果进行汇总。

其次，对实证研究结果所反映的变量之间的关系进行了进一步讨论，包括 QFII 持股对公司经营绩效的影响分析、董事会治理结构和监事会治理结构在持股比例介于5%~30%的QFII持股比例与公司经营绩效之间的中介作用分析，以及持股比例介于5%~30%的QFII持股比例与董事会治理结构和监事会治理结构的交互作用对公司经营绩效的影响分析。并且，根据现有学者的相关研究成果以及理论分析和实践情况，对已被验证的研究假设和未被验证的研究假设给出了相应的解释。

最后，在此基础上针对我国引入境外机构投资者制度以及完善我国上市公司治理结构等方面提出了相应的政策建议。

# 7 研究结论与展望

本书围绕 QFII 持股对公司经营绩效的影响这个主题，并结合我国上市公司董事会治理结构和监事会治理结构等因素，通过前面各章的理论分析和实证检验，对 QFII 持股、上市公司董事会治理结构和监事会治理结构以及公司经营绩效等方面的相关内容进行了归纳，并以公司治理理论、契约理论和企业能力理论等相关理论作为基础，对 QFII 持股影响公司经营绩效的作用机理、董事会治理结构和监事会治理结构在 QFII 持股比例与公司经营绩效之间的中介作用、QFII 持股比例与董事会治理结构和监事会治理结构的交互作用等进行了深入的理论分析和实证检验。本章主要是对实证研究结果进行归纳总结，并提出可能的创新点以及研究中存在的局限和不足，同时指出未来的研究方向。

## 7.1 主要研究结论

本书主要研究 QFII 持股对公司经营绩效的影响，分别以 QFII 持股对公司经营绩效的直接影响，QFII 持股对公司经营绩效的间接影响，即董事会治理结构和监事会治理结构在 QFII 比例与公司经营绩效之间的中介作用，以及 QFII 持股比例与董事会治理结构和监事会治理结构的交互作用对公司经营绩效的影响为研究主线。以我国股权分置改革完成后的 2008 ~2015 年前十大股东中有 QFII 持股的沪深 A 股上市公司为研究对象，通过对相关变量的测量，借助 SPSS20.0 统计软件，运用回归分析法实证检验了持股比例低于5%的QFII持股比例对公司经营绩效的影响，持股比例介于5%~30%的QFII持股比例和QFII持股制衡度对公司经营绩效的影响，以及董事会治理结构和监事会治理结构在持股比例介于5%~30%的QFII持股比例与公司经营绩效之间的中介作用，并运用AMOS24.0统计软件和交互作用分析法对持股比例介于5%~30%的QFII持股比例与董事会治理结构和监事会治理结构的交互作用进行了实证检验。首先，确定了董事会治理结构和监事会治理结构以及公司经营绩效的测量维度和测度指标；其次，通过主成分分析法计算得到持股比例低于5%和持股比例介于5%~30%的公司综合经营绩效；最后，实证检验了QFII持股对公司经营绩效的直接影响，董事会治理结构和监事会治理结构在持股比例介于5%~30%的QFII持股比例与公司经营绩效之间的中介作用，以及持股比例介于5%~30%的QFII持股比例与董事会治理结构和监事会治理结构的交互作用对公司经营绩效的影响。主要研究结论如下：

（1）在现有研究基础上，将QFII持股高低划分为QFII持股比例低于5%和QFII持股比例介于5%~30%，并结合委托代理理论和企业能力理论等进行理论演绎，借助SPSS20.0统计软件，采用回归分析法分别检验持股比例低于5%的QFII持股比例对公司经营绩效的影响，以及持股比例介于5%~30%的QFII持股比例和持股制衡度对公司经营绩效的影响。具体来说，用QFII持股数占上市公司总股本数的比值来测度QFII持股比例，用QFII持股比例占公司第一大股东持股比例的比值来测度QFII持股制衡度；从盈利能力状况（净资产收益率）、资产质量状况（总资产周转率）、债务风险状况（资产负债率）、经营增长状况（销售增长率）和股本扩张能力（每股净资产）五个维度衡量公司经营绩效，并通过主成分分析法分别计算得到QFII持股比例低于5%和QFII持股比例介于5%~30%的公司综合经营绩效；以公司规模、控股股东类型和股权集中度作为控制变量。实证研究结果表明，QFII持股比例低于5%不会对公司经营绩效产生影响，持股比例介于5%~30%的QFII持股比例和持股制衡度对公司综合经营绩效、净资产收益率、总资产周转率、销售增长率以及股本扩张能力均具有显著的正向影响作用，但是对资产负债率的影响作用不显著。

（2）持股比例介于5%~30%的QFII持股比例对公司经营绩效具有显著的促进作用，那么，QFII持股对公司经营绩效的影响是通过何种路径产生的？董事会治理结构和监事会治理结构是否在其中起到了中介作用？通过中介作用的实证检验，揭开了 QFII 持股影响公司经营绩效的作用机理和影响路径。根据理论分析，借助 SPSS20.0 统计软件，采用中介作用分析法实证检验了 QFII 持股是否通过影响董事会治理结构（董事会规模、董事会年度会议次数、董事会两权分离度、董事长和总经理两职设置、独立董事比例、高管持股比例和董事会“四委”设立个数）和监事会治理结构（监事会规模、监事会年度会议次数）从而对公司经营绩效产生影响。并且，在进行中介作用检验时，采用依次检验法通过观察回归系数的显著性来判定中介作用是否存在。中介作用研究结果表明，董事会年度会议次数、董事会两权分离度、董事长和总经理两职设置、独立董事比例、高管持股比例和监事会年度会议次数均是持股比例介于 5%～30% 的 QFII 持股比例影响公司经营绩效的中介作用，它们起到了 QFII 持股影响公司经营绩效的传导作用；而董事会规模、董事会“四委”设立个数和监事会规模均不是持股比例介于 5%～30% 的 QFII 持股比例影响公司经营绩效的中介作用，它们没有起到 QFII 持股影响公司经营绩效的传导作用。

（3）理论分析认为，QFII 持股比例与董事会治理结构和监事会治理结构之间存在显著的交互作用，并且会对公司经营绩效产生显著影响。为了验证本书的研究假设，借助 AMOS24.0 统计软件和交互作用分析法，实证检验了持股比例介于 5%～30% 的 QFII 持股比例与董事会治理结构和监事会治理结构的交互作用对公司经营绩效的影响。首先，构建了持股比例介于 5%～30% 的公司董事会治理结构和监事会治理结构对公司经营绩效影响的结构方程模型，并进行拟合分析，以检验其对公司经营绩效的影响。研究结果表明，持股比例介于 5%～30% 的公司董事会治理结构和监事会治理结构会显著影响公司经营绩效。其次，借助交互作用分析法分析了持股比例介于 5%～30% 的 QFII 持股比例与董事会治理结构的 7 个测度指标和监事会治理结构的 2 个测度指标之间的交互作用。结果表明，持股比例介于 5%～30% 的 QFII 持股比例与董事会年度会议次数、董事会两权分离度、独立董事比例、高管持股比例和监事会年度会议次数的交互作用通过了显著性检验，并且系数为正，表明董事会年度会议次数、董事会两权分离度、独立董事比例、高管持股比例和监事会年度会议次数的增加对 QFII 持股比例具有显著的正向影响，并且会对公司经营绩效产生积极促进作用；而持股比例介于 5%～

30%的QFII持股比例与董事会规模、董事长和总经理两职设置、董事会“四委”设立个数以及监事会规模的交互作用没有通过显著性检验。

## 7.2 主要创新点

(1) 厘清了QFII持股比例与投资理念之间的关系，为深入研究QFII持股与公司经营绩效之间的关系打下了坚实的基础。在现有关于境外机构投资者的研究中，国内外学者均对QFII持股比例进行了相应的研究，但通过相关文献资料可以看出，现有学者的研究主要是针对QFII持股占上市公司总股本比例或者占上市公司流通股比例展开的，而将QFII持股比例划分为不同的区间段分别进行研究的较为缺乏。目前关于QFII持股的研究中，部分学者认为境外机构投资者奉行短期的价格投资理念，而部分学者则认为境外机构投资者奉行长期的价值投资理念；部分学者认为境外机构投资者扮演着价值发现者角色，而部分学者则认为境外机构投资者扮演着价值创造者角色。学者们的研究结论之所以存在分歧，主要是因为他们在研究中并未将QFII持股比例划分为不同的区间段具体分析。基于此，本书在针对QFII持股的研究中，将QFII持股比例划分为两个区间段，即QFII持股比例低于5%和QFII持股比例介于5%~30%。由于境外机构投资者在两个区间段的持股比例存在较大差距，因此他们奉行的投资理念就会有所不同，那么对公司经营绩效的影响也会不同。本书采用理论研究和实证研究相结合的方法，具体分析了持股比例低于5%的QFII持股比例和持股比例介于5%~30%的QFII持股比例和持股制衡度对公司经营绩效的影响。研究结论表明，QFII持股比例介于不同的区间段，所奉行的投资理念不同，对公司经营绩效的影响就不同。明确了QFII持股比例与投资理念之间的关系，弥补了以往关于QFII持股研究中，对境外机构投资者投资理念在理解上存在的欠缺，为后续QFII持股影响公司经营绩效的实证研究打好了基础，有利于指导企业提高公司经营绩效的实践活动。

(2) 引入了董事会治理结构和监事会治理结构这两个中介变量来分析持股

比例介于5%~30%的QFII持股比例对公司经营绩效的间接影响，揭示了QFII持股对公司经营绩效影响的传导机制和作用路径。现有关于QFII持股与公司经营绩效关系的研究仅停留在二者之间简单的关系层面上，忽略了QFII持股对董事会治理结构和监事会治理结构的深层传导机制和作用机理，使QFII持股对公司经营绩效的影响在理论上仍是一个“黑箱”。因此，探讨QFII持股对公司经营绩效影响的作用路径，明确QFII持股对公司经营绩效影响的作用机理就显得尤为重要。基于此，本书在公司治理理论的基础上，结合现有关于公司治理结构的研究成果，构建了董事会治理结构和监事会治理结构的测量维度和测度指标，从理论的角度分析了董事会治理结构和监事会治理结构在QFII持股影响公司经营绩效关系中的中介作用，并利用我国上市公司的相关数据，采用中介作用分析法进行了实证检验。董事会治理结构和监事会治理结构中介作用的研究，揭开了QFII持股对公司经营绩效影响的作用机理和影响路径，揭开了QFII持股与公司经营绩效之间的“黑箱”，丰富并推进了我国公司治理结构方面的研究，对于我国引入境外机构投资者，完善公司治理结构以及提升公司经营绩效具有一定的参考价值。

（3）构建了持股比例介于5%~30%的QFII持股比例与董事会治理结构和监事会治理结构的交互作用对公司经营绩效影响的理论模型，进一步揭开了QFII持股对公司经营绩效影响的作用路径。随着QFII持股比例的增加，参与公司治理的动力和能力不断加强，因此需要特别关注QFII持股比例与董事会治理结构和监事会治理结构的交互作用。但是，现有关于QFII持股与董事会治理结构和监事会治理结构交互作用的研究较为欠缺。基于此，本书以公司治理理论和委托代理理论等作为理论基础，通过理论分析，构建了QFII持股比例与董事会治理结构和监事会治理结构的交互作用对公司经营绩效影响的概念模型。在现有研究基础上，深入分析了持股比例介于5%~30%的QFII持股比例是否与董事会治理结构和监事会治理结构存在显著的交互作用？这种交互作用是否会对公司经营绩效产生显著影响？并运用AMOS24.0统计软件和交互作用分析法进行了实证检验，进一步揭示了QFII持股对公司经营绩效影响的作用路径。

（4）目前，学者们关于QFII持股对公司绩效的影响已经积累了一定的研究基础，但是，现有研究并未具体区分公司经营绩效和公司治理绩效。公司治理绩效主要反映上市公司治理水平的高低或治理状况的好坏，通常用上市公司治理指数测度，而公司治理水平的高低或公司治理状况的好坏最终会通过公司经营绩效反映出来，即公司经营绩效主要反映企业经营管理者在经营管理过程中对企业经营、成长、发展所取得的成果和所做出的贡献。基于此，本书主要研究 QFII 持股对公司经营绩效的影响，并且将国资委企业绩效衡量指标与上市公司的特征相结合，从盈利能力状况、资产质量状况、债务风险状况、经营增长状况和股本扩张能力五个方面全面测度公司经营绩效，完善并丰富了上市公司经营绩效测度指标体系。

## 7.3 研究不足与研究展望

尽管本书的研究以问题为导向，遵循科学的研究范式，对 QFII 持股、公司治理结构和公司经营绩效等方面的文献进行了深化和扩展，对我国引入境外机构投资者以及完善公司治理结构具有一定的启示作用和参考价值。但是，在研究过程中不可避免地会存在一些局限性和不足之处，具体来说，主要存在以下三个方面的局限和不足。

（1）公司经营绩效测度指标的选择还需要进一步完善。目前关于公司经营绩效测度指标的选取存在较大差异，学者们从不同角度选取不同指标进行测度，但都不完整、不全面，有待进一步深入研究。本书的研究虽然从国资委企业绩效衡量指标的四大方面进行测度，并结合上市公司的特点，新增了“每股净资产”指标来测度上市公司的股本扩张能力，但并没有从企业的长期绩效和短期绩效以及市场绩效和财务绩效等角度展开研究。后续研究应该从企业的短期绩效和长期绩效以及市场绩效和财务绩效等方面做进一步的研究，期望取得高度一致的研究结论，同时也能够对我国上市公司引入境外机构投资者产生更好的理论指导作用。

（2）QFII 持股对公司经营绩效的影响可能存在其他作用路径。本书采用理论研究和实证研究相结合的方法，通过对相关文献资料的收集和整理，提出研究假设并进行实证检验。但是，QFII 持股对公司经营绩效的影响可能还存在其他路径，如利益相关者治理等，因此，在后续研究中应该从更全面的角度研究 QFII 持股对公司经营绩效的作用路径，从而使研究结论更全面、更可靠。

（3）本书只是从 QFII 持股高低和持股制衡度这两个维度研究 QFII 持股对公司经营绩效的影响，但是，QFII 持股周期和持股变动也会对公司经营绩效产生影响。因此，考虑 QFII 持股周期和持股变动对公司经营绩效的影响，也是后续关于 QFII 持股方面需要进一步拓展的一个研究方向。

# 参考文献

[1] Admati A R, Pfleiderer P, Zechner J. Large shareholder activism, risk sharing, and financial market equilibrium [J]. Journal of Political Economy, 1994, 102 (6): 1097-1130.

[2] Almazan A, Hartzell J C, Starks L T. Active institutional shareholders and costs of monitoring: evidence from executive compensation [J]. Financial Management, 2005, 34 (4): 5-34.

[3] Almazan A, Hartzell J, Starks L. Active institutional shareholders and cost of monitoring: evidence from executive compensation [J]. Financial Management, 2011 (34): 534.

[4] Barontini R, Caprio L. The effect of family control on firm value and performance: evidence from continential Europe [J]. European Financial Management, 2006, 12 (5): 689-723.

[5] Barzel Y. Economic analysis of property rights [J]. Cambridge University Press, 1997, 31 (2): 147-179.

[6] Bebchuck L, Cohen A, Ferrell A. What matters in corporate governance? [J]. Review of Financial Studies, 2009, 22 (2): 783-827.

[7] Bekaert, Harvey. Corporate governance in Italy after the 1988 reform: what role for institutional investors? [J]. Corporate Ownership & Control, 2001 (2): 11-31.

[8] Berle A A, Means G C. The modern corporation and private property [J]. Macmillan, 1933, 20 (6): 25-49.

[9] Bertrand M. Are CEOs rewarded for luck? The ones without principals are [J]. Quarterly Journal of Economics, 2001, 116 (3): 901 -932.

[10] Bethel J E, Liebeskind J P, Opler T. Block share purchases and corporate performance [J]. The Journal of Finance, 1998, 53 (2): 605 -634.

[11] Bhattacharya P S, Graham M A. On institutional ownership and firm performance: a disaggregated view [J]. Journal of Multinational Financial Management, 2009, 19 (5): 370 -394.

[12] Binay M. Performance attribution of US institutional investors [J]. Financial Management, 2005, 34 (2): 127 -152.

[13] Black B S. Shareholder activism and corporate governance in the United States [J]. Ssrn Electronic Journal, 1997 (3): 57 -65.

[14] Black B. The corporate governance behavior and market value of Russian firms [J]. Emerging Markets Review, 2001, 2 (2): 89 -108.

[15] Blair M M. Ownership and control: rethinking corporate governance for the 21st century. Washington DC: Brookings Institute, 1995, Working Paper.

[16] Boyd J, Smith B. The coevolution of the real and financial sectors in the growth process [J]. World Bank Economic Review, 1996, 10 (2): 371 -396.

[17] Brav A, Wei J, Partnoy F, Thomas R. Hedge fund activism, corporate governance, and firm performance [J]. The Journal of Finance, 2008, 63 (4): 1729 -1775.

[18] Brick I E, Chidambaran N K. Board meetings, committee structure, and firm value [J]. Journal of Corporate Finance, 2010, 16 (4): 533 -553.

[19] Brick I E, Palmon O, Wald J K. CEO compensation, director compensation, and firm performance: Evidence of cronyism? [J]. Journal of Corporate Finance, 2006, 12 (3): 403 -423.

[20] Brickley J A, Coles J L, Terry R L. Outside directors and the adoption of poison pills [J]. Journal of Financial Economics, 1994 (35): 371 -390.

[21] Brickley J A, Lease R C, Jr CWS. Ownership structure and voting on antitakeover amendments [J]. Journal of Financial Economics, 1988, 20 (1): 267 -292.

[22] Bushee B J, Noe C F. Corporate disclosure practices, institutional investors, and stock return volatility [J]. Journal of Accounting Research, 2000, 38 (2): 171 -202.

[23] Bushee B J. The influence of institutional investors on Myopic R&D investment behavior [J]. Accounting Review, 1998, 73 (3): 303 -335.

[24] Canarella G, Gasparyan A. New insights into executive compensation and firm performance: evidence from a panel of "new economy" firms, 1996 -2002 [J]. Managerial Finance, 2008, 34 (8): 537 -554.

[25] Cheng C S A, Huang H H, Li Y, Lobo G. Institutional monitoring through shareholder litigation [J]. Journal of Financial Economics, 2010, 95 (3): 356 -383.

[26] Cheung Y L, Connelly J T, Limpaphayom P, Zhou L. Do investors really value corporate governance? Evidence from the Hong Kong market [J]. Journal of International Financial Management & Accounting, 2007, 18 (2): 86 -122.

[27] Chhaochharia V, Grinstein Y. CEO compensation and board structure [J]. The Journal of Finance, 2009, 64 (1): 231 -261.

[28] Chidambaran N K, John K. Relationship investing: large shareholder monitoring with managerial cooperation [J]. Journal of Finance, 1998, 53 (2): 806 -808.

[29] Choe H, Kho B C, Stulz R M. Do foreign investors destabilize stock markets? The Korean experience in 1997 [J]. Journal of Financial Economics, 1998, 54 (2): 227 -264.

[30] Christie W G, Huang R D. Following the pied piper: do individual returns herd around the market? [J]. Financial Analysts Journal, 1995, 51 (4): 31 -37.

[31] Claessens S, Djankov S, Fan J P H, Lang L H P. Disentangling the incentive and entrenchment effects of large shareholdings [J]. The Journal of Finance, 2002, 57 (6): 2741 -2771.

[32] Cochran P L, Wartick S L. Corporate governance: a review of the literature [J]. Financial Executives Research Foundation, 1988 (2): 74 -84.

[33] Conger J A, Finegold D, Rd L E. Appraising boardroom performance [J]. Harvard Business Review, 1998, 76 (1): 136 -148.

[34] Conner K P, Prahalad C K. A resource – based theory of the firm: knowledge versus opportunism [J]. Organization Science, 1996, 7 (5): 477 – 501.

[35] Core J E, Guay W R, Rusticus T O. Does weak governance cause weak stock returns? An examination of firm operating performance and investors' expectations [J]. The Journal of finance, 2006, 61 (2): 655 – 687.

[36] Cornett M M, Marcus A J, Saunders A, Tehranian H. The impact of institutional ownership on corporate operating performance [J]. Ssrn Electronic Journal, 2003, 31 (6): 1771 – 1794.

[37] Coval J D, Moskowitz T J. Home bias at home: local equity preference in domestic portfolios [J]. The Journal of Finance, 1999, 54 (6): 2045 – 2073.

[38] Dahya J, Dimitrov O, Mcconnell J J. Dominant shareholders, corporate boards, and corporate value: a cross – country analysis [J]. Journal of Financial Economics, 2008, 87 (1): 73 – 100.

[39] David P, Kochhar R. Barriers to effective corporate governance by institutional investors: implications for theory and practice [J]. European Management Journal, 1996, 14 (5): 457 – 466.

[40] Demsetz H, Lehn K. The structure of corporate ownership: causes and consequences [J]. Journal of Political Economy, 1985, 93 (6): 1155 – 1177.

[41] Demsetz H. The structure of ownership and the theory of the firm [J]. The Journal of Law and Economics, 1983, 26 (2): 375 – 390.

[42] Dierickx I, Cool K. Asset stock accumulation and sustainability of competitive advantage [J]. Management Science, 1989, 35 (12): 1504 – 1511.

[43] Donaldson L, Davis J H. Stewardship theory or agency theory: CEO governance and shareholder returns [J]. Australian Journal of Management, 1991, 16 (1): 49 – 64.

[44] Douma S, George R, Kabir R. Foreign and domestic ownership, business groups, and firm performance: evidence from a large emerging market [J]. Strategic Management Journal, 2006, 27 (7): 637 - 657.

[45] Drakos A A, Bekiris F V. Corporate performance, managerial ownership

and endogeneity: a simultaneous equations analysis for the Athens stock exchange [J]. Research in International Business and Finance, 2010, 24 (1): 24 -38.

[46] Driffield N, Mahambare V, Pal S. How does ownership structure affect capital structure and firm value? Recent evidence from East Asia [J]. Economics of Transition, 2007, 15 (3): 535 - 573.

[47] Eisenhardt K M, Martin J A. Dynamic capabilities: what are they? [J]. Strategic Management Journal, 2000, 21 (10): 1105 -1121.

[48] Faccio M, Lasfer M A. Do occupational pension funds monitor companies in which they hold large stakes? [J]. Journal of Corporate Finance, 2000, 6 (1): 71 -110.

[49] Fama E F, Jsensen M C. Separation of ownership and control [J]. The Journal of Law and Economics, 1983, 26 (2): 301 -325.

[50] Ferreira M A, Matos P. The colors of investors' money: the role of institutional investors around the world [J]. Journal of Financial Economics, 2008, 88 (3): 499 -533.

[51] Gaspar J M, Massa M, Matos P. Shareholder investment horizons and the market for corporate control [J]. Journal of Financial Economics, 2005, 76 (1): 135 -165.

[52] Gaur S S, Bathula H, Singh D. Ownership concentration, board characteristics and firm performance [J]. Management Decision, 2015, 53 (5): 911 -931.

[53] Gedajlovic E, Shapiro D M. Ownership structure and firm profitability in Japan [J]. Academy of Management Journal, 2002, 45 (3): 565 -575.

[54] Gillan S L, Starks L T. Corporate governance proposals and shareholder activism: the role of institutional investors [J]. Journal of Financial Economics, 2000, 57 (2): 275 -305.

[55] Gillan S L, Starks L T. Institutional investors, corporate ownership and corporate governance: global perspectives [J]. World Institute for Development Economics Research, 2003 (9): 1 -26.

[56] Graves S B. International ownership and corporate R&D in the computer industry [J]. Academy of Management Journal, 1988, 31 (2): 417 -428.

[57] Grove H, Patelli L, Victoravich LM, Xu P. Corporate governance and performance in the wake of the financial crisis: evidence from US commercial banks [J]. Corporate Governance: An International Review, 2011, 19 (5): 418 -436.

[58] Guercio D D, Hawkins J. The motivation and impact of pension fund activism [J]. Journal of Financial Economics, 1999, 52 (3): 293 -340.

[59] Guercio D D, Seery L, Woidtke T. Do boards pay attention when institutional investor activists "just vote no"? [J]. Journal of Financial Economics, 2008, 90 (1): 84 -103.

[60] Hadani M, Goranova M, Khan R. Institutional investors, shareholder activism and earnings management [J]. Journal of Business Research, 2011 (64): 1352 -1360.

[61] Harris M, Raviv A. A Theory of Board Control and Size [J]. Review of Financial Studies, 2008, 21 (4): 1797 -1832.

[62] Hart O, Moore J. Property rights and the nature of the firm [J]. Journal of Political Economy, 1990, 98 (6): 1119 -1158.

[63] Hartzell J C, Starks L T. Institutional investors and executive compensation [J]. The Journal of Finance, 2003, 58 (6): 2351 -2374.

[64] Healy P M, Palepu K G. Information asymmetry, corporate disclosure, and the capital markets: a review of the empirical disclosure literature [J]. Journal of Accounting & Economics, 2001, 31 (1): 405 -440.

[65] Hellman N. Can we expect institutional investors to improve corporate governance? [J] . Scandinavian Journal of Management, 2005, 21 (3): 293 -327.

[66] Jensen M C, Meckling W H. Theory of the firm: managerial behavior, agency cost and ownership structure [J]. Social Science Electronic Publishing, 1976, 3 (4): 305 -360.

[67] Jensen M C. Agency costs of free cash flow, corporate finance, and takeover [J]. The American Economic Review, 1986, 76 (2): 323 -329.

[68] Kaminsky G L, Schmukler S L. Short - run pain, long - run gain: financial liberalization and stock market cycles [J]. Review of Finance, 2007, 12 (2):

253 -292.

[69] Kaplan S N. Venture capitalists as principals: contracting, screening, and monitoring [J]. American Economic Review, 2001, 91 (91): 426 -430.

[70] Khan R, Dharwadkar R, Brandes P. Institutional ownership and CEO compensation: a longitudinal examination [J]. Journal of Business Research, 2005, 58 (8): 1078 -1088.

[71] Khanna T, Palepu K. Concentrated corporate ownership: emerging market business groups, foreign intermediaries, and corporate governance [J]. Social Science Electronic Publishing, 2011 (8): 265 -294.

[72] Koh P S. Institutional investor type, earnings management and benchmark beaters [J]. Journal of Accounting & Public Policy, 2007, 26 (3): 267 -299.

[73] Laffonda G, Laineb J. Single - switch preferences and the Ostrogorski paradox [J]. Mathematical Social Sciences, 2006, 52 (1): 49 -66.

[74] Larcker D F, Richardson S A, Tuna I. Corporate governance, accounting outcomes, and organizational performance [J]. Accounting Review, 2007, 82 (4): 963 -1008.

[75] Lehmann E, Weigand J. Does the governed corporation perform better? Governance structures and corporate performance in Germany [J]. Review of Finance, 2001, 4 (2): 157 -195.

[76] Li J, Lam K, Qian G, Fang Y. The effects of institutional ownership on corporate governance and performance: an empirical assessment in Hong Kong [J]. Management International Review, 2006, 46 (3): 259 -276.

[77] Lin A, Chen C Y. The impact of qualified foreign institutional investors on Taiwan's stock market [J]. Journal of Chinese Management Review, 2013 (9): 1 -27.

[78] Lu K. An overview of the Taiwanese qualified foreign institutional investor system [J]. Bank for International Settlements, 2003 (15): 141 -151.

[79] Mallin C. Institutional investor activism: what's next [J]. NACD Directorship, 2004, 30 (11): 16 -27.

[80] Michael S, Martin T B. Do foreign institutional investors destabilize China'

s A – share markets? [J]. Journal of International Financial Markets, Institutions & Money, 2010, 20 (1): 36 –50.

[81] Mike Burkart, Fansto Panunzi. Agency conflicts, ownership concentration and legal shareholder protection [J]. Journal of Financial Intermediation, 2006 (15): 1 –31.

[82] Milgrom P R, Roberts J. Economics, organization and management [J]. Journal of Finance, 1992, 48 (1): 129 – 133.

[83] Miller M, Fisher S, Mussa M. Patterns of institutional investment, prudence, and the managerial safety – net hypothesis [J]. Journal of Risk and Insurance, 2000 (56): 605 –630.

[84] Mizuno M. Institutional investors, corporate governance and firm performance in Japan [J]. Pacific Economic Review, 2010, 15 (5): 653 –665.

[85] Morck R K, Yeung B, Wu W. The information content of stock markets: why do emerging markets have synchronous stock price movements? [J]. Journal of Financial Economics, 2000 (59): 215 –60.

[86] Morck R, Shleifer A, Vishny R W. Management of ownership and market valuation: an empirical analysis [J]. Journal of Financial Economics, 1988, 20 (88): 293 –315.

[87] Nguyen P, Rahman N, Zhao R. Ownership structure and divestiture decisions: evidence from Australian firms [J]. International Review of Financial Analysis, 2013, 30 (4): 170 – 181.

[88] Noe T H. Investor activism and financial market structure [J]. Review of Financial Studies, 2001, 15 (15): 289 –318.

[89] Parrino R, Sias R W, Starks L T. Voting with their feet: institutional ownership changes around forced CEO turnover [J]. Journal of Financial Economics, 2003, 68 (1): 3 –46.

[90] Perrini F, Rossi G, Rovetta B. Does ownership structure affect performance? Evidence from the Italian market [J]. Corporate Governance: An International Review, 2008, 16 (4): 312 –325.

[91] Pound J. Proxy contests and the efficiency of shareholder oversight [J]. Journal of Financial Economics, 1988, 20 (1): 237 - 265.

[92] Ramaswamy K, Li M. Foreign investors, foreign directors and corporate diversification: an empirical examination of large manufacturing companies in India [J]. Asia Pacific Journal of Management, 2001, 18 (2): 207 - 222.

[93] Romano R. Less is more: making shareholder activism a valued mechanism of corporate governance [J]. Social Science Electronic Publishing, 2000 (18): 174 - 252.

[94] Romano R. Public pension fund activism in corporate governance reconsidered [J]. Columbia Law Review, 1993, 93 (4): 795 - 853.

[95] Ruigrok W, Peck S, Tacheva S, Greve P, Hu Y. The determinants and effects of board nominantion committees [J]. Journal of Management & Governance, 2006, 10 (2): 119 - 148.

[96] Rumelt R P. Diversification strategy and profitability [J]. Strategic Management Journal, 1982, 3 (3): 359 - 369.

[97] Shleifer A, Vishny R W. A survey of corporate governance [J]. The Journal of Finance, 1997, 52 (2): 737 - 783.

[98] Shleifer A, Vishny R W. Large shareholders and corporate control [J]. Journal of Political Economy, 1986, 94 (3): 461 - 488.

[99] Short H, Zhang H, Keasey K. The link between dividend policy and institutional ownership [J]. Journal of Corporate Finance, 2002, 8 (2): 105 - 122.

[100] Shuili Yang, Xiaoyan Ren. Qualified foreign institutional investor shareholdings and corporate operating performance [J]. Canadian Public Policy, 2017 (4): 99 - 106.

[101] Spender J C. Making knowledge the basis of a dynamic theory of the firm [J]. Strategic Management Journal, 2015, 17 (2): 45 - 62.

[102] Tan M. Has the QFII scheme strengthened corporate governance in China? [J]. China: An International Journal, 2009, 7 (2): 353 - 369.

[103] Teece D J, Pisano G, Shuen A. Dynamic capabilities and strategic management [J]. Strategic Management Journal, 2015, 18 (18): 509 - 533.

[104] Thomas R S. The Evolving Role of institutional investors in corporate governance and corporate litigation [J]. Vanderbilt Law Review, 2008, 61 (2): 299 -313.

[105] Thomsen S, Pedersen T. Ownership Structure and Economic Performance in the Largest European Companies [J]. Strategic Management Journal, 2000, 21 (6): 689 -705.

[106] Tsai H, Zheng G. The relationship between institutional ownership and casino firm performance [J]. International Journal of Hospitality Management, 2007, 26 (3): 517 -530.

[107] Velury U, Jenkins D S. Institutional ownership and the quality of earnings [J]. Journal of Business Research, 2006, 59 (9): 1043 -1051.

[108] Wahal S, Mcconnell J J. Do institutional investors exacerbate managerial myopia? [J]. Ssrn Electronic Journal, 1998 (6): 307 -329.

[109] Wahal S. Pension fund activism and firm performance [J]. Journal of Financial and Quantitative Analysis, 1996, 31 (1): 1 -23.

[110] Walt N V D, Ingley C. Board dynamics and the influence of professional background, gender and ethnic of directors [J]. Corporate Governance: An International Review, 2003, 11 (3): 218 -234.

[111] Webb R, Beck M, Mckinnon R. Problems and limitations of institutional investor participation in corporate governance [J]. Corporate Governance: An International Review, 2003, 11 (1): 65 -73.

[112] Welch E. The relationship between ownership structure and performance in listed Australian companies [J]. Australian Journal of Management, 2003, 28 (3): 287 -305.

[113] Wohlstetter C. Pension fund socialism: can bureaucrats run the blue chips? [J]. Harvard Business Review, 1993 (71): 105 -139.

[114] Woidtke T. Agents watching agents: evidence from pension fund ownership and firm value [J]. Journal of Financial Economics, 2002, 63 (1): 99 -131.

[115] Xie B, li W N D, Dadalt P J. Earnings management and corporate governance: the role of the board and the audit committee [J]. Journal of Corporate Fi-

nance, 2001, 9 (3): 295 - 316.

[116] Zanglein J E. Who's minding your business - preliminary observations on data and anecdotes collected on the role of institutional investors in corporate governance [J]. Journal of Cerebral Circulation, 1992, 34 (10): 2471 - 2474.

[117] Zollo M, Winter S G. Deliberate learning and the evolution of dynamic capabilities [J]. Organization Science, 2002, 13 (3): 339 - 351.

[118] Zott C. Dynamic capabilities and the emergence of intraindustry differential firm performance: insights from a simulation study [J]. Strategic Management Journal, 2003, 24 (2): 97 - 125.

[119] 安烨，钟廷勇．股权集中度、股权制衡与公司绩效关联性研究——基于中国制造业上市公司的实证分析［J］．东北师范大学学报（哲学社会科学版），2011（6）：46 - 52.

[120] 白重恩，刘俏，陆洲，宋敏，张俊喜．中国上市公司治理结构的实证研究［J］．经济研究，2005（2）：81 - 91.

[121] 薄仙慧，吴联生．国有控股与机构投资者的治理效应：盈余管理视角［J］．经济研究，2009（2）：81 - 91.

[122] 蔡明生，田东文．论培育机构投资者与建立国企法人治理结构［J］．北京航空航天大学学报（社会科学版），2002，15（2）：29 - 32.

[123] 蔡宁，沈奇泰松，潘松挺．外部压力对企业社会绩效影响的机理与实证研究：新制度主义的视角［J］．经济社会体制比较，2009（4）：163 - 170.

[124] 蔡则祥，王家华．QFII 制度下的资本市场转型分析［J］．财贸经济，2003（6）：53 - 55.

[125] 曹玉贵．机构投资者参与公司治理的博弈分析［J］．华北水利水电大学学报（社会科学版），2006，22（2）：1 - 4.

[126] 常虹．QFII 持股、公司治理与财务绩效［D］．北京：对外经济贸易大学，2011.

[127] 常巍，贝政新．资本市场发展中的投资主体与投资行为——“资本市场与金融投资研讨会”综述［J］．经济研究，2002（7）：58 - 62.

[128] 陈德萍，陈永圣．股权集中度、股权制衡度与公司绩效关系研究——

2007－2009 年中小企业板块的实证检验［J］. 会计研究，2011（1）：40－45.

［129］陈世剑，王娜. 浅谈 QFII 制度对上市公司治理的影响［J］. 现代商业，2007（23）：45－46.

［130］陈璇，李仕明，祝小宁. 大股东性质与企业绩效——国有股减持的一个经验证据［J］. 管理学报，2006，3（2）：229－238.

［131］成天笑，刘莉亚，关益众. QFII 与境内机构投资者羊群行为的实证研究［J］. 管理科学，2014（4）：110－122.

［132］程书强. 机构投资者持股与上市公司会计盈余信息关系实证研究［J］. 管理世界，2006（9）：129－136.

［133］丁楠，李文涛. QFII 持股、公司治理与上市公司绩效——基于 2010－2013 年中国 A 股上市公司的实证分析［J］. 中国注册会计师，2015（9）：36－42.

［134］董斌，张振. 股权结构、董事会特征与公司绩效：内生性视角［J］. 大连理工大学学报（社会科学版），2015，36（4）：13－22.

［135］董俊武，黄江圳，陈震红. 动态能力演化的知识模型与一个中国企业的案例分析［J］. 管理世界，2004（4）：117－127.

［136］董俊武，黄江圳，陈震红. 基于知识的动态能力演化模型研究［J］. 中国工业经济，2004（2）：77－85.

［137］杜沔，邵欢，顾亮. 我国上市公司治理制度变迁的实证研究——基于股权分置改革前后上市公司 2001～2011 年的面板数据分析［J］. 预测，2015，34（3）：46－52.

［138］范海峰，胡玉明，石水平. 机构投资者异质性、公司治理与公司价值——来自中国证券市场的实证证据［J］. 证券市场导报，2009（10）：45－51.

［139］范海峰，胡玉明. 机构投资者持股与公司股权融资成本的实证研究［J］. 经济与管理研究，2010（2）：44－50.

［140］冯根福，温军. 中国上市公司治理与企业技术创新关系的实证分析［J］. 中国工业经济，2008（7）：91－101.

［141］冯根福，赵钰航. 管理者薪酬、在职消费与公司绩效——基于合作博弈的分析视角［J］. 中国工业经济，2012（6）：147－158.

［142］冯均科，丁沛文，董静然. 公司治理结构与内部控制缺陷披露的相关

性研究［J］. 西北大学学报（哲学社会科学版），2016，46（3）：87－94.

［143］傅勇，谭松涛. 股权分置改革中的机构合谋与内幕交易［J］. 金融研究，2008（3）：88－102.

［144］高雷，张杰. 公司治理、机构投资者与盈余管理［J］. 会计研究，2008（9）：66－74.

［145］高翔. QFII 制度：国际经验及其对中国的借鉴［J］. 世界经济，2001（11）：74－79.

［146］关键，蔡怀军，郭德芳. 利益相关者关系影响公司 持续性的实证研究［J］. 财经理论与实践，2015（3）：72－77.

［147］韩少真，潘颖，张晓明. 公司治理水平与经营绩效——来自中国 A 股上市公司的经验数据［J］. 中国经济问题，2015（1）：50－62.

［148］郝云宏，周翼翔. 董事会结构、公司治理与绩效——基于动态内生性视角的经验证据［J］. 中国工业经济，2010（5）：110－120.

［149］何卫东. 现代公司董事会治理研究［M］. 天津：天津社会科学院出版社，2003.

［150］何瑛，胡月. 公司治理、管理层权利与股份回购［J］. 经济与管理研究，2016，37（10）：108－117.

［151］黄江圳，谭力文. 从能力到动态能力：企业战略观的转变［J］. 经济管理，2002（22）：13－17.

［152］霍晓萍. 机构投资者类型、股权特征和资本成本［J］. 财贸研究，2015（5）：139－147.

［153］靳庆鲁，原红旗. 公司治理与股改对价的确定［J］. 经济学（季刊），2009，8（1）：249－270.

［154］雷令斌，冯楚楚，郭志勇. 股权性质、股权集中度、股权制衡度与经营绩效关系探讨［J］. 商业经济研究，2012（32）：84－85.

［155］李彬. 机构投资者持股的绩效分析：来自日本上市公司 Panel Data 模型的证据［J］. 经济与管理研究，2009（2）：82－87.

［156］李飞，黄乐，刘辉. 公司董事会特征对财务风险的影响［J］. 商业会计，2013（17）：48－50.

［157］李纪明，方芳．资本市场改革与公司治理变迁——QFII 制度对我国上市公司治理的影响分析［J］．浙江社会科学，2005（3）：70－73.

［158］李蕾，韩立岩．价值投资还是价值创造？——基于境内外机构投资者比较的经验研究［J］．经济系（季刊）：2013，13（1）：351－372.

［159］李青原．论机构投资者在公司治理中角色的定位及政策建议［J］．南开管理评论，2003，6（2）：28－33.

［160］李善民，王媛媛，王彩萍．机构投资者持股对上市公司盈余管理影响的实证研究［J］．管理评论，2011，23（7）：17－24.

［161］李胜兰，麦景琦，张一帆．企业经营环境、公司治理与企业技术创新［J］．中山大学学报（社会科学版），2016（5）：172－185.

［162］李维安，李滨．机构投资者介入公司治理效果的实证研究——基于CCGI～（NK）的经验研究［J］．南开管理评论，2008，11（1）：4－14.

［163］李维安，李汉军．股权结构、高管持股与公司绩效——来自民营上市公司的证据［J］．南开管理评论，2006，9（5）：4－10.

［164］李维安，李建标．利益相关者治理与中国上市公司的企业信用［J］．经济学（季刊），2004，3（1）：415－424.

［165］李维安，苏启林．股权投资与企业高管双重激励的实证研究［J］．暨南学报（哲学社会科学版），2013，35（9）：44－49.

［166］李维安．公司治理评价与指数研究［M］．北京：高等教育出版社，2005.

［167］李晓．两职兼任、独立董事与公司绩效的关联性［J］．财会月刊，2015（30）：51－56.

［168］李雄．QFII 持股对我国制造业上市公司绩效影响的研究［D］．长沙：中南大学，2012.

［169］李学峰，符琳杰，苏伟．QFII 与国内开放式证券投资基金的“羊群行为”比较研究［J］．世界经济与政治论坛，2008（4）：7－14.

［170］梁权熙，曾海舰．独立董事制度改革、独立董事的独立性与股价崩盘风险［J］．管理世界，2016，270（3）：144－159.

［171］梁彤缨．资本结构、公司治理与公司绩效：中国民营上市公司实证研

究［D］. 广州：华南理工大学，2004.

［172］廖理，沈红波，郦金梁. 股权分置改革与上市公司治理的实证研究［J］. 中国工业经济，2008（5）：99－108.

［173］林雨晨，林洪，孔祥婷. 境内外机构投资者与会计稳健性：谁参与了公司治理？［J］. 江西财经大学学报，2015（2）：32－40.

［174］刘慧龙，陆勇，宋乐. 大股东“隧道挖掘”：相互制衡还是竞争性合谋——基于“股权分置”背景下中国上市公司的经验研究［J］. 中国会计评论，2009（1）：97－112.

［175］刘锦红. 中国民营企业公司治理与公司绩效的实证分析［J］. 软科学，2009，23（5）：140－144.

［176］刘绍娓，万大燕. 高管薪酬与公司绩效：国有与非国有上市公司的实证比较研究［J］. 中国软科学，2013（2）：90－101.

［177］刘涛，毛道维，宋海燕. 高管变更机制效率与机构投资者治理角色——基于内生性视角的实证新发现［J］. 山西财经大学学报，2014，36（11）：74－86.

［178］刘涛，毛道维，宋海燕. 机构投资者：选择治理还是介入治理——基于薪酬—绩效敏感度的内生性研究［J］. 山西财经大学学报，2013，35（11）：95－105.

［179］刘星，吴先聪. 机构投资者异质性、企业产权与公司绩效——基于股权分置改革前后的比较分析［J］. 中国管理科学，2011，19（5）：182－192.

［180］刘银国，高莹，白文周. 股权结构与公司绩效相关性研究［J］. 管理世界，2010（9）：177－179.

［181］卢锐，邢怡媛. 股权分置改革、管理层薪酬业绩敏感性与机构投资者治理效应——基于中国上市公司的经验证据［J］. 会计与经济研究，2011，25（5）：3－12.

［182］鲁桐，仲继银，孔杰. 中国上市公司“三会”运作效率有待加强［J］. 董事会，2007（6）：54－57.

［183］陆瑶，朱玉杰，胡晓元. 机构投资者持股与上市公司违规行为的实证研究［J］. 南开管理评论，2012，15（1）：13－23.

［184］马洪娟．QFII 持股比例与财务指标关系实证研究［J］．财会通讯，2010（8）：18－20.

［185］马磊，徐向艺．两权分离度与公司治理绩效实证研究［J］．中国工业经济，2010（12）：108－113.

［186］毛磊，王宗军，王玲玲．机构投资者与高管薪酬——中国上市公司研究［J］．管理科学，2011，24（5）：99－110.

［187］穆林娟，张红．机构投资者持股与上市公司业绩相关性研究——基于中国上市公司的经验数据［J］．北京工商大学学报（社会科学版），2008，23（4）：76－82.

［188］牛春平．创业板股权结构和公司绩效相关性实证分析［J］．经济师，2012（11）：69－71.

［189］牛建波，李胜楠．董事会的治理绩效研究——基于民营上市公司面板数据的实证分析［J］．山西财经大学学报，2008，30（1）：75－83.

［190］牛建波，李胜楠．控股股东两权偏离、董事会行为与企业价值：基于中国民营上市公司面板数据的比较研究［J］．南开管理评论，2007（2）：31－37.

［191］牛建波，刘绪光．董事会委员会有效性与治理溢价——基于中国上市公司的经验研究［J］．证券市场导报，2008（1）：64－72.

［192］潘爱玲，潘清．机构投资者持股对公司业绩的影响分析——基于 2009－2011 年沪深上市公司的实证检验［J］．亚太经济，2013（3）：101－104.

［193］潘恒，管华雨．从台湾地区经验看 QFII 制度对祖国大陆证券市场的影响［J］．中国外资，2003（4）：22－24.

［194］彭丁．大股东控制、机构投资者治理与公司绩效——基于深交所上市公司的经验证据［J］．宏观经济研究，2011（7）：50－55.

［195］钱美琴，黄黎利，王立平．上市公司股权集中度与公司绩效关系的实证研究［J］．华东经济管理，2015（5）：169－174.

［196］邱丽燕．QFII 持股、股利政策与公司治理——中国的经验证据［J］．会计之友，2014（35）：101－106.

［197］冉光圭，方巧玲，罗帅．中国公司的监事会真的无效吗［J］．经济学家，2015（1）：73－82.

［198］饶育蕾，许军林，梅立兴，刘敏．QFII 持股对我国股市股价同步性的影响研究［J］．管理工程学报，2013（2）：202－208.

［199］任晓燕，杨水利．对外直接投资区位选择影响因素的实证研究——基于投资动机视角［J］．预测，2016，35（3）：32－37.

［200］任晓燕，杨水利．发展中国家企业并购发达国家企业的逆向知识转移影响因素研究［J］．科技管理研究，2015（10）：169－174.

［201］阮素梅，丁忠明，刘银国，杨善林．股权制衡与公司价值创造能力“倒 U 型”假说检验——基于面板数据模型的实证［J］．中国管理科学，2014，22（2）：119－128.

［202］申尊焕，郝渊晓．机构投资者对上市公司绩效影响的实证分析［J］．生产力研究，2008（19）：45－48.

［203］沈乐平，庞倩倩，梁文光．机构投资者对公司市值的影响路径［J］．财会月刊，2016（2）：121－124.

［204］沈小炜，蓝发钦．QFII 制度对中国股市的影响及其原因［J］．经济学家，2007（2）：127－128.

［205］施东晖．股权结构、公司治理与绩效表现［J］．世界经济，2000（12）：37－44.

［206］石美娟，童卫华．机构投资者提升公司价值吗？——来自后股改时期的经验证据［J］．金融研究，2009（10）：150－161.

［207］宋德舜，宋逢明．国有控股、经营者变更和公司绩效［J］．南开管理评论，2005，8（1）：10－15.

［208］宋建波，高升好，关馨姣．机构投资者持股能提高上市公司盈余持续性吗？——基于中国 A 股上市公司的经验证据［J］．中国软科学，2012（2）：128－138.

［209］孙红梅，黄虹，刘媛．机构投资、高管薪酬与公司业绩研究［J］．技术经济与管理研究，2015（1）：50－55.

［210］孙立，林丽．QFII 投资中国内地证券市场的实证分析［J］．金融研究，2006（7）：123－133.

［211］孙永祥，章融．董事会规模、公司治理与绩效［J］．企业经济，2000

(10): 13-15.

[212] 汤敏，薛彤. QFII在中国证券市场的"羊群行为"研究 [J]. 商业经济研究，2014 (12): 86-88.

[213] 唐春晖. 知识、动态能力与企业持续竞争优势 [J]. 当代财经，2003 (10): 68-70.

[214] 唐跃军，宋渊洋. 价值选择VS. 价值创造？——来自中国市场机构投资者的证据 [J]. 经济系（季刊），2010，9 (2): 609-632.

[215] 万红，吕德宏. QFII制度对上证A股市场波动性影响——基于2003-2013年数据的实证分析 [J]. 经济研究参考，2014 (47): 63-66.

[216] 王彩萍，李善民. 机构投资者对公司治理影响研究 [J]. 经济理论与经济管理，2007 (8): 34-39.

[217] 王昶，焦妮娟. 国际战略投资者引进对国有企业绩效影响的评价与实证研究 [J]. 南开管理评论，2009 (2): 11-19.

[218] 王华，黄之骏. 经营者股权激励、董事会组成与企业价值——基于内生性视角的经验分析 [J]. 管理世界，2006 (9): 101-116.

[219] 王建文，国艳玲，王丽娜，韩飞飞. 重要股东市场行为引导下的利益趋同与壕沟防守效应 [J]. 中国管理科学，2015，23 (3): 76-81.

[220] 王琨，肖星. 机构投资者持股与关联方占用的实证研究 [J]. 南开管理评论，2005，8 (2): 27-33.

[221] 王麟乐，张一，卢方元. QFII制度对中国证券市场波动的影响研究 [J]. 经济经纬，2011 (1): 153-156.

[222] 王鹏程，李建标. 利益相关者治理能缓解企业融资约束吗 [J]. 山西财经大学学报，2014 (12): 96-106.

[223] 王世权，王丽敏. 利益相关者权益保护与公司价值——来自中国上市公司的证据 [J]. 南开管理评论，2008，11 (2): 34-41.

[224] 王雄，方闻千，刘振彪. QFII持股与上市公司绩效的相关性研究——基于2009-2011年QFII持股上市公司数据的实证研究 [J]. 深圳大学学报（人文社会科学版），2013 (5): 87-91.

[225] 王雪荣，董威. 中国上市公司机构投资者对公司绩效影响的实证分析

[J]. 中国管理科学，2009，17（2）：15－20.

[226] 王勇，郭名媛．我国医药行业上市公司股权结构与公司经营绩效研究[J]. 沈阳理工大学学报，2015，34（5）：88－94.

[227] 王之剑．引入QFII对我国股票市场价格收益率波动影响的研究[D]. 上海：上海社会科学院，2008.

[228] 翁洪波，吴世农．机构投资者、公司治理与上市公司股利政策[J]. 中国会计评论，2007，5（3）：367－376.

[229] 吴德军．公司治理、媒体关注与企业社会责任[J]. 中南财经政法大学学报，2016（5）：110－117.

[230] 吴清华，王平心．公司盈余质量：董事会微观治理绩效之考察——来自我国独立董事制度强制性变迁的经验证据[J]. 数理统计与管理，2007，26（1）：30－40.

[231] 吴少凡，夏新平．国有股和法人股对公司业绩的影响——公用事业型上市公司的实证研究[J]. 南开管理评论，2004，7（1）：69－73.

[232] 吴卫华，万迪昉，蔡地．合格境外机构投资者：投资者还是投机者？[J]. 证券市场导报，2011（12）：17－28.

[233] 吴晓晖，姜彦福．外部机构投资者能否对传统内部治理机制产生影响[J]. 经济管理，2006（18）：13－14.

[234] 武爱文．公立非营利性医院利益相关者导向与绩效的关系研究[D]. 北京：中国人民大学，2008.

[235] 夏博．QFII持股行为对上市公司绩效影响的实证研究[D]. 大连：东北财经大学，2013.

[236] 谢海娟，刘晓臻．公司治理对企业营运资金管理绩效的影响[J]. 财会月刊，2016（32）：25－29.

[237] 熊风华，黄俊．股权集中度、大股东制衡与公司绩效[J]. 财经问题研究，2016（5）：69－75.

[238] 徐丽萍，辛宇，陈工孟．股权集中度和股权制衡及其对公司经营绩效的影响[J]. 经济研究，2006（1）：90－100.

[239] 徐文学，陆希希．股权集中度与制衡度对上市公司绩效的影响——基

于饮料制造业上市公司的实证检验［J］. 企业经济，2014（3）：185－188.

［240］徐向艺，陆淑婧，方政. 高管显性激励与代理成本关系研究述评与未来展望［J］. 外国经济与管理，2016，38（1）：101－112.

［241］续芹，叶陈刚. 机构投资者对上市公司作用的实证研究——依据我国A股市场的经验证据［J］. 审计与经济研究，2009，24（5）：94－98.

［242］杨宝，袁天荣. 机构投资者介入、代理问题与公司分红［J］. 山西财经大学学报，2014（6）：90－101.

［243］杨忠诚，王宗军. 董事会结构与公司绩效关系探讨［J］. 财会月刊，2008（8）：23－24.

［244］姚颐，刘志远. 机构投资者具有监督作用吗？［J］. 金融研究，2009（6）：128－143.

［245］叶丹. QFII持股与上市公司绩效相关性研究［J］. 财会月刊，2009（9）：87－89.

［246］叶康涛，祝继高，陆正飞，张然. 独立董事的独立性：基于董事会投票的证据［J］. 经济研究，2011（1）：126－139.

［247］叶勇，刘波，黄雷. 终极控制权、现金流量权与企业价值——基于隐性终极控制论的中国上市公司治理实证研究［J］. 管理科学学报，2007，10（2）：66－79.

［248］伊志宏，李艳丽，高伟. 异质机构投资者的治理效应：基于高管薪酬视角［J］. 统计与决策，2010（5）：122－125.

［249］殷红春，曹玉贵. 机构股东积极主义博弈分析及政策建议［J］. 北京理工大学学报（社会科学版），2006，8（3）：58－61.

［250］于东智，王化成. 独立董事与公司治理：理论、经验与实践［J］. 会计研究，2003（8）：8－13.

［251］袁放建，李娜. 行业特征、股权集中度与企业绩效——基于A股民营上市公司2012－2014年的经验数据［J］. 南京财经大学学报，2016（2）：52－61.

［252］张驰. 机构投资者与代理成本——基于高管薪酬的实证分析［J］. 现代管理科学，2013（1）：100－102.

［253］张建平，裘丽，刘子亚. 股权结构、代理成本与企业经营绩效［J］.

技术经济与管理研究，2016（5）：44－49.

［254］张俊喜，张华．民营上市公司的经营绩效、市场价值和治理结构［J］．世界经济，2004（11）：3－15.

［255］张敏，姜付秀．机构投资者、企业产权与薪酬契约［J］．世界经济，2010（8）：43－58.

［256］张敏，王成方，姜付秀．我国的机构投资者具有治理效应吗？——基于贷款软约束视角的实证分析［J］．经济管理，2011（4）：16－23.

［257］张维迎．所有制、治理结构及委托—代理关系——兼评崔之元和周其仁的一些观点［J］．经济研究，1996（9）：3－15.

［258］张耀伟．终极控制股东两权偏离、替代效应与公司价值［J］．管理工程学报，2011，25（3）：85－90.

［259］张志坚．动态能力管理与互动之研究［D］．台湾：义守大学管理科学研究所，2001.

［260］周嘉南，陈效东．高管股权激励动机差异对公司绩效的影响研究［J］．财经理论与实践，2014（35）：84－90.

［261］周镭，陈辉．股权结构与公司绩效关系研究［J］．财会研究，2010（7）：47－49.

［262］周泽将，余中华．股权结构、董事会特征与QFII持股的实证分析［J］．云南财经大学学报，2007，34（4）：82－86.

［263］朱雅琴．股权集中度、股权制衡与公司绩效——来自沪深两市的经验证据［J］．财会通讯，2010（15）：56－58.

［264］朱玉杰，雪莲，李文佳．产品市场竞争下两职合一对公司绩效的影响［J］．技术经济，2016，35（5）：124－131.